Daniel Ritter

Formen virtueller Gewaltausübung:

Der virtuelle Raum als Vehikel realer Gewalt

Diplomica® Verlag GmbH

Ritter, Daniel: Formen virtueller Gewaltausübung: Der virtuelle Raum als Vehikel realer Gewalt, Hamburg, Diplomica Verlag GmbH 2011

ISBN: 978-3-8428-6489-4
Druck: Diplomica® Verlag GmbH, Hamburg, 2011

Bibliografische Information der Deutschen Nationalbibliothek:
Die Deutsche Nationalbibliothek verzeichnet diese Publikation in der Deutschen
Nationalbibliografie; detaillierte bibliografische Daten sind im Internet über
http://dnb.d-nb.de abrufbar.

Die digitale Ausgabe (eBook-Ausgabe) dieses Titels trägt die ISBN 978-3-8428-1489-9
und kann über den Handel oder den Verlag bezogen werden.

Inhaltsverzeichnis

1. Einleitung

Verschiedenartige Formen der Gewaltausübung sind in allen Bereichen des menschlichen Zusammenlebens zu beobachten. Das Phänomen der Gewalt wurde in zahlreichen soziologischen, politikwissenschaftlichen und psychologischen Arbeiten ausführlich untersucht. Der Gewalt wird ein großer Stellenwert im menschlichen Zusammenleben zugeschrieben. Sie sei in allen menschlichen Lebenswelten zu finden und die Triebfeder jeder menschlichen Gemeinschaft, ohne Gewalt sei Vergesellschaftung überhaupt nicht möglich. Die Übertragung des Gewaltmonopols an übergeordnete Instanzen ermöglicht es, das Naturrecht in seine Schranken zu weisen und auch den Schwächeren ein gleichberechtigtes Leben zu ermöglichen. Die Umverteilung der Möglichkeiten zur Gewaltausübung schafft Sicherheit und Freiheit in einer sich ständig neu austarierenden Ausprägung.

Durch die große Ausbreitung des Internets, mit seinen vielen Subsystemen, sowie anderer Telekommunikationssysteme sind zahlreiche virtuelle Räume entstanden. Räume, in denen Menschen zusammen arbeiten, kommunizieren oder Unterhaltungsangebote gemeinsam konsumieren. In den meisten Fällen befinden sich die Besucher der virtuellen Räume nicht in geographischer Nähe zueinander. Räumliche Distanzen sind bei diesen Tätigkeiten durch die Telekommunikationsnetzwerke irrelevant geworden. Der Kommunikationspartner kann sich auf einem anderen Kontinent befinden, ohne dass dies die Kommunikation unmöglich machen würde. Bilder, Texte, Sprache, Filme, Spiele und andere denkbare Daten und Medien können in kürzester Zeit auf virtuellem Weg versandt und empfangen werden.
Bieten die beschleunigten Kommunikationskanäle der wachsenden virtuellen

Welt auch einer „virtuellen Gewalt" ein immer schnelleres Vehikel? Besteht auch in virtuellen Räumen die menschliche Verletzungsoffenheit fort? Kann Gewalt ohne physische Nähe auf elektronisch-virtuellem Weg ausgeübt werden? Das vorliegende Buch wird eine Annäherung an einen Begriff der „virtuellen Gewalt" bieten und diesen danach anhand von aktuellen Ereignissen verdeutlichen und belegen. Die folgenden Fragestellungen sollen geklärt werden:

- Ist Gewalt angewiesen auf geographische Nähe der Teilnehmer zueinander, oder existieren auch Formen virtueller Gewaltausübung, die weder auf örtliche Nähe, noch auf physische Verletzung des Gewaltopfers angewiesen sind?

- Welche Formen virtueller Gewaltausübung existieren? Wer kann virtuelle Gewalt ausüben, wer kann Opfer virtueller Gewalt werden?

- Lässt sich virtuelle Gewalt in reale Gewalt transferieren? Entspringt virtuelle Gewalt aus realer Gewalt? Existiert eine Form von Gewalt, die ausschließlich virtuell stattfindet?

2. Gewalt

Das Wort „Gewalt" ist die Substantivierung des Verbs „walten". Somit waltet ein Urheber von Gewalt, er richtet Gewaltaktionen gegen ein Gewaltopfer oder weniger negativ behaftet gegen ein Gewaltziel. Gewalt wird häufig mit Macht gleichgesetzt, sie sei die Ausübung von ebendieser. Wer mächtig ist, „kann machen", er waltet, er „übt Gewalt aus". Ein Gewaltopfer befindet sich „in der Gewalt von jemandem". Während im englischen der Begriff in zwei verschiedene Worte aufgespalten wurde, nämlich in „violence" für körperliche Gewalt und „power" für Macht oder Kraft, so ist Gewalt im deutschen Sprachgebrauch sowohl als körperliche, als auch als nicht-körperliche abstrahierte Gewaltausübung zu gebrauchen, zum Beispiel im Sinne von Staatsgewalt, Befehlsgewalt oder Gewaltkonzentration.

Macht begründet sich nach Heinrich Popitz auf der Verletzungsoffenheit von Menschen.

„Menschen haben Macht über andere Menschen, weil einer den anderen, seine Gegenkräfte durchbrechend, verletzen kann. Er kann ihm „etwas antun", eingreifen in seine körperliche Integrität, ökonomische Subsistenz, gesellschaftliche Teilhabe. Jeder einzelne, jede Gruppe ist verletzungsoffen, verletzungsgefährdet." (Popitz, S.31)

Diese Verletzungsoffenheit und Verletzungsmächtigkeit hat jeder Mensch inne, selbst der Schwächste und Kränkste kann im geeigneten Moment die Verletzungsoffenheit eines stärkeren Gegenübers ausnutzen, um die von ihm als Aktionsmacht genannte Macht auszuüben. Selbst David konnte Goliath im entscheidenden Moment aktionsmächtig bezwingen, selbst der Schwächste kann dem Stärksten im rechten Moment Schaden zufügen. Diese initiale Aktionsmacht kann laut Popitz als einzelne Machtaktion für sich alleine stehen oder in andere Machtausprägungen umgesetzt werden: Die „instrumentelle Macht", bei der konformes Verhalten durch „Drohen und Bedrohtsein" erzeugt wird und die „innere Macht", bei der konformes Verhalten aus der dem Herrschenden gegenüber positiven und bewundernden Einstellung heraus hervorgerufen wird.

Als Gewalt definiert Popitz nur die reine körperliche Gewaltaktion , die körperlichen Schaden zufügt.

„Gewalt meint eine Machtaktion, die zur absichtlichen körperlichen Verletzung anderer führt, gleichgültig, ob sie für den Agierenden ihren Sinn im Vollzug selbst hat [..] oder , in Drohungen umgesetzt, zu einer dauerhaften Unterwerfung [ ] führen soll." (Popitz S.18)

So meint Popitz mit Gewalt nur die Initialaktion, die entweder eine kurze, auf den Moment des Gewaltaktes beschränkte Aktionsmächtigkeit ermöglicht oder die spätere höherqualitative Machtform begründet. Somit vollzieht er in seinem Begriffskonstrukt die angelsächsische Trennung des Begriffes in „Gewalt" und „Macht". Gewalt ist laut Popitz der Einstieg in die Macht und lediglich ein Drohmittel, um sie zu verfestigen und abzusichern.

Ähnlich argumentiert Arendt, sie entzweit Macht und Gewalt sogar noch stärker, indem sie vermutet, dass bestimmte Formen von Macht nicht mit Gewalt vereinbar seien, vielmehr sei Macht nur durch die Ermächtigung einzelner durch eine Gruppe möglich. Gewalt ist für sie „nackte Macht":

„Es ist die nackte Macht, die aus den Gewehrläufen kommt, [..] Macht entspricht der menschlichen Fähigkeit, nicht nur zu handeln, oder etwas zu tun, sondern sich mit anderen

zusammenzuschließen und im Einvernehmen mit ihnen zu handeln. Über Macht verfügt niemals ein Einzelner; sie ist im Besitz der Gruppe und bleibt nur solange existent, solange die Gruppe zusammenhält." (Arendt S.45)

Eine nicht ausschließlich auf körperliche Gewalt beschränkte Gewaltdefinition bietet Foucault. Nach seiner Definition wirkt Macht indirekt auf ihr Ziel. Es sind keine Gewaltakte notwendig um auf machtvollem Wege ein Ziel zu erreichen. Gewalt hingegen wirkt direkt auf ein Gewaltziel, allerdings nicht ausschließlich auf den Körper eines Individuums sondern auch auf *Dinge:*

„Ein Gewaltverhältnis wirkt auf einen Körper, wirkt auf Dinge ein: Es zwingt, beugt, bricht, es zerstört: es schließt alle Möglichkeiten aus; es bleibt ihm kein anderer Gegenpol als der, der Passivität." (Foucault, S.254)

Ist Gewalt also ein rein körperliches und körpergebundenes Phänomen oder kann der Gewaltbegriff auch weiter gefasst werden? Nach Popitzs Definition existiert psychische Gewalt nicht, auch Gewalt gegen Besitz, Gegenstände oder die Ehre sind lediglich ausgeübte Machtformen, nicht aber Gewalt.

Dass auch nicht-körperverletzende Formen von Aktionsmacht als Gewalt definiert werden können, belegt zum Beispiel das bundesrepublikanische Gesetz zum zivilrechtlichen Schutz vor Gewalttaten und Nachstellungen. Nach dem Gesetz ist es strafbar wenn

„ [..] Eine Person widerrechtlich und vorsätzlich eine andere Person dadurch unzumutbar belästigt, dass sie ihr gegen den ausdrücklich erklärten Willen wiederholt nachstellt oder sie unter Verwendung von Fernkommunikationsmitteln verfolgt." (GewSchG §1, 2.2)

Und auch Galtung, der den Begriff der strukturellen Gewalt prägte, beschränkt sie nicht nur auf körperliche Kraftakte. Vielmehr üben seiner Ansicht nach die kulturellen Rahmenbedingungen auf jedes Individuum einer Gesellschaft Gewalt aus, indem sie ihm Lebensbedingungen und Richtlinien vorgeben, die nicht ignoriert und nur mit Sanktionen behaftet überschritten werden können. Hier ist der Gewaltbegriff nahezu allumfassend. Jede Rahmenbedingung des Lebens die Chancen mindert, ist ein Gewaltakt.

Nach Bornewasser führen Gewalthandlungen *„zu schweren Schädigungen mit erheblichen Konsequenzen"*, *„verstoßen gegen juristische fixierte Normen und sind verboten"*, *„haben instrumentellen Charakter"* und *„erfolgen oftmals berechnend und kalt"*. (Bornewasser in Bierhoff, S. 48)

Außerdem ist der Gewaltbegriff auch immer durch seinen kulturellen Rahmenbedingungen geprägt. So mag eine Gesellschaft eine Handlung als Gewaltakt ansehen, eine andere nicht:

„Tatsächlich stellt sich hier ein tiefgreifendes Problem, ganz einfach weil sich die Gewaltvorstellungen mit der Zeit ändern und Gewalt recht oft von der öffentlichen Meinung und der Zivilgesellschaft definiert wird, bevor sie vom Staat als solche anerkannt wird" (Wieviorka, S.73)

In der Psychologie sind Begriffe wie psychische oder seelische Gewalt feststehende Begriffe. Vandalismus schließlich kann als die Gewalt gegen Gegenstände betrachtet werden:
„Stellt man auf das Gewaltverständnis in der Bevölkerung ab, wird überwiegend auch noch der körperliche Angriff auf Sachen [in den Gewaltbegriff] einbezogen." (Schwind, S. 36)

Da die vielen verschiedenen Erklärungsversuche des Gewaltbegriffs noch keine Annäherung an den Begriff einer „virtuellen Gewalt" leisten können, muss zunächst der eindeutigere Begriff der Virtualität betrachtet werden.

3. Virtualität und virtuelle Räume

Eine virtuelle Handlung ist eine Tätigkeit, die nicht physisch vorhanden ist, trotzdem aber eine vergleichbare Wirkung hat, wie eine entsprechende physische Handlung. Das Wort stammt vom französischen „virtuel" ab, welches so viel bedeutet wie „fähig sein zu wirken", „möglich sein", „tun können". Der französische Begriff geht zurück auf das lateinische „virtus" mit den Bedeutungen „Kraft", „Möglichkeit" oder auch „Tugend". Im modernen-technischen Sinn beschreibt das Adjektiv Handlungen, die in virtuellen Räumen stattfinden. Also Handlungen, die auf ein technisches Vehikel angewiesen sind, um wirken zu können. Virtuelle Räume sind örtlich nicht greifbar, sie entstehen auf einer Metaebene, abstrahiert von ihrem technischen Vehikel. Ihre Realität bezieht sich nicht auf ihre greifbare Existenz sondern auf die erlebbaren Effekte, die durch sie transportiert werden können. *„Virtual Reality is an event or entity, that is real in effect, but not in fact" (Tjoa in Komarek, S.180)*

Als Beispiel für einen virtuellen Raum könnte ein Telefongespräch dienen. Die telefonierenden Personen sind räumlich verortbar, nicht aber das Gespräch selbst. Dieses findet weder im Endgerät des einen Teilnehmers, noch im Endgerät des zweiten Teilnehmers statt, sondern im virtuellen Raum. Aufbauend auf dem technischen Vehikel des Telefonnetzes bildet sich ein virtueller Raum zur akustischen Gesprächsführung, der es ermöglicht ein fernmündliches Gespräch abzuwickeln.

In der modernen Popkultur wird der virtuelle Raum auch häufig als Cyberspace bezeichnet. Dieser von William Gibson in seinem Roman Neuromancer geprägte Begriff bezeichnet die komplette Loslösung aus der realen Welt durch Nutzung einer neuralen Schnittstelle, die es ermöglicht, der Körperlichkeit zu entfliehen und komplett in den virtuellen Raum einzutauchen. Filme wie Tron (1982) und Fernsehserien wie Max Headroom (1987) versuchten bereits vor mehr als 20 Jahren das Phänomen bildlich zu fassen, indem sie ihre Protagonisten ganz oder teilweise in virtuellen Räumen agieren ließen. Waren lange Zeit die nationalen und internationalen Telefonnetze die einzigen virtuellen Räume, die von einem großen Teil der Weltbevölkerung benutzt wurden, ist durch die Ausbreitung des Internets mit seinen vielen Subsystemen eine steigende Anzahl virtueller Räume und Subräume entstanden. Bereits heute sind im allgemeinen Sprachgebrauch Ausdrücke wie „die virtuelle Welt", „die virtuelle Bibliothek", „die virtuelle Universität" oder auch „virtueller Sex" und „virtueller Terrorismus" verankert.

Parallel zu der realen und physisch greifbaren Welt expandieren virtuelle Welten in immer größerer Geschwindigkeit. Mit dem Angebot von virtuellen Welten steigt auch deren Nutzung.

„Amerikaner sind pro Woche etwa 12 Stunden online, Japaner 9 Stunden – und wir Europäer ziehen nach. Das Internet und Computerspiele stehen dabei in Konkurrenz zum Fernsehen." (Steinmüller, S.188)

Tatsächlich hat das Internet inzwischen bei jungen Europäern das Fernsehen als beliebtestes Medium abgelöst, wie aus einer aktuellen Studie des Verbandes der europäischen interaktiven Werbung (EIAA) hervorgeht. Der Studie zufolge sind in den 10 untersuchten europäischen Märkten 169 Millionen Konsumenten online. Besonders bei jungen Europäern zieht die Internetnutzung langsam mit dem Fernsehkonsum gleich. Europäische Internetnutzer verbringen durchschnittlich 12 Stunden
pro Woche online, ein Viertel der Benutzer sogar 16 Stunden. Auch bietet die

Studie Aufschluss über die Verbreitung schneller Breitbandleitungen, mit welchen multimediale Inhalte schneller transportiert werden können. 8 von 10 Nutzern verfügen bereits über solch einen höherqualitativen Zugang. *[woq 2]*

War die virtuelle Welt bisher meistens an statische Endgeräte gebunden, dringt sie durch den Ausbau der Mobilfunknetze und die Weiterentwicklung und Verkleinerung tragbarer und nicht ortsgebundener Endgeräte immer weiter in das tägliche Leben ein. Steinmüller prognostiziert die Entwicklung eines „Evernets":

„Die nächste Technologiewelle rollt bereits an. Das Internet soll sich zum Evernet (aus ever und internet) fortentwickeln, einer permanenten Online-Welt, in der man zu jeder Zeit (anytime) und an jedem Ort (anyplace) fortwährend vernetzt ist (always on)." (Steinmüller, S.190)

Doch nicht ausschließlich die zwischenmenschliche Kommunikation, sondern auch reale Tätigkeiten, wie Amtsgeschäfte oder das Einkaufen von Gütern werden in den virtuellen Raum verlagert. Teilweise ersetzen die virtuellen Tätigkeiten sogar ihre realen Pendants, so dass man in manchen Fällen bereits heute gezwungen ist, den virtuellen Raum zu besuchen und zu nutzen um im Alltag anstehende Aufgaben zu bewältigen. Als Beispiel könnten Seminare an der Universität dienen, deren Materialen ausschließlich online zur Verfügung gestellt werden, eine in den letzten Jahren in allen Fachrichtungen beobachtbare Vorgehensweise.

Diese Entwicklung prognostizierte Rammert bereits Anfang der 1990er Jahre und mahnte an, sich auf den gesellschaftlichen Wandel, der mit größerer Vernetzung einhergehen würde vorzubereiten:

„Mit ihrer Ausbreitung [der Computertechnologie] wird sich das soziale Leben in den modernen Gesellschaften zwar langsam, aber umfassend verändern; denn die mikroelektronische Erneuerung betrifft nicht allein die materielle Produktion und ihre Steuerung, sondern auch die gesamte Welt symbolischen Handelns. Die Veränderungen bleiben damit offensichtlich nicht nur auf die industriellen Kernsysteme der Wirtschaft und der staatlichen Verwaltung, auf die großen Arbeits- und Dienstleistungsorganisationen, beschränkt; sie erfassen zur gleichen Zeit immer mehr die sozialen Beziehungen und Kommunkationssituationen des Alltagslebens in Familie und Freizeit, in privatem Haushalt, sozialer Gemeinschaft und politischer Öffentlichkeit.“ (Rammert 1993, S. 268)

Doch nicht nur administrative und unterhaltsame Tätigkeiten bekommen einen immer größeren virtuellen Anteil. Die Erinnerung selbst, das kollektive Wissen wandert ab in den virtuellen Raum. Informationen, seien sie banal oder essenziell, werden virtuell konserviert und sind ort- und zeitlos verfügbar. Ein Abwandern der Informationen, fort von den klassischen gedruckten Informationsspeichern hinein in einen digital-virtuellen Raum ist weltweit zu beobachten.

„Wer heute im Internet surft, findet Tausende privat herausgegebener Urlaubsberichte, Seiten mit Bildern des Lieblingshundes, Listen gelesener Bücher, Krankenberichte, Tagebuchaufzeichnungen, schriftstellerische Ergüsse, erprobte Kochrezepte, Hobbymalereien.“ (Steinmüller S.202)

Einher mit der Ausbreitung der virtuellen Welt geht also auch eine Verkleinerung der Privatheit. Ständige Erreichbarkeit und Informationsmassen über jeden Teilnehmer virtueller Räume drängen private Informationen und Erlebnisse immer mehr in den Hintergrund. Der Informationshunger der virtuellen Welt scheint grenzenlos, jeder noch so unwichtig scheinende Fleck banalen Wissens wird in

Sekundenbruchteilen im virtuellen Raum für die Ewigkeit archiviert, durchsuchbar gemacht und dupliziert.

Teile der realen Welt werden in der virtuellen Welt abgebildet, um gefahrloser als in der Realität mit ihnen experimentieren zu können oder um sie örtlich entfernten Personen erfahrbar zu machen.

„Multimediatechnologien schaffen die Möglichkeit des Agierens in künstlichen, „virtuellen" Welten. Den Vorteilen einer umfassenden Abbildung von Sachzusammenhängen oder Gegenständlichkeiten in der Virtualität steht jedoch unmittelbar das Risiko gegenüber, dass die Grenzen zwischen virtuellen und realen Abbildungen für die Nutzer verschwimmen." (Nolden, S.23)

Zusätzlich zu dieser Abbildung der realen Welt ist auch ein Abwandern von realen materiellen Werten in virtuelle repräsentierte materielle Werte zu beobachten:

„Zudem entmaterialisiert sich die Produktion in einem spezifischen Sinne, sie entwickelt sich zur reflexiven Produktion von symbolischen Gütern und Dienstleistungen. Diese sind nicht mehr in erster Linie durch ihre materielle Beschaffenheit, sondern durch ihren symbolischen Wert, ihr Design, das in ihnen verkörperte Wissen, die durch sie erzielbaren Distinktionsgewinne, etc. gekennzeichnet. Eigentum verliert damit ein Stück weit seine Bindung an materielle Objekte" (Kreissl in Kroll, S.54)

Die Welt der Virtualität bildet die reale Welt ab, steuert Teile von ihr und existiert parallel zu ihr. Ihre Basis liegt in stofflicher Realität, doch die reale und die virtuelle Welt durchdringen und bedingen sich immer mehr. Dabei verschwimmen die Grenzen zusehends. denn:

Handlungen in virtuellen Räumen können wirken, obwohl sie physisch nicht existent sind, virtuelle Räume sind also nicht greifbar aber trotzdem *erfahrbar*.

Ist der virtuelle Raum also auch dazu in der Lage Gewalt zu transportieren und erfahrbar zu machen?

4. Virtuelle Gewalt

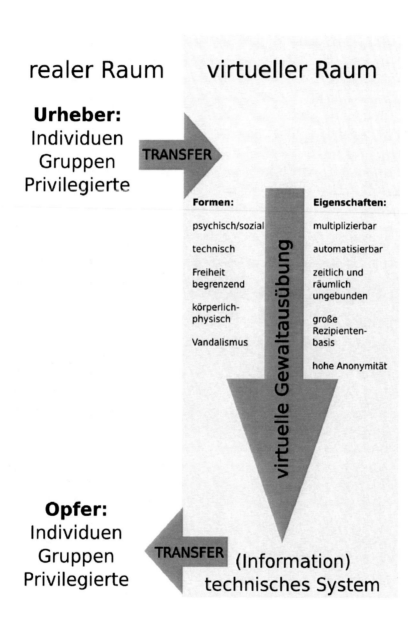

Abbildung 1: Schema virtueller Gewaltausübung

4.1 Begriffsabgrenzung

Während die soeben vorgestellten Definitionen zur Virtualität recht eindeutig sind, macht die enorme Vielfalt der Gewaltdefinitionen den Gewaltbegriff schwer fassbar. Selbst Galtung empörte sich über das fehlende Vorhandensein einer allgemeingültigen Definition zur Gewalt während seiner Bemühungen Typologien für Gewalt und Frieden zu erstellen. *(Galtung in Röttgers, S. 9)*

Müsste man sich auf eine, auf körperliche Gewalt reduzierte Definition beschränken, wären die meisten der folgenden Formen virtueller Gewaltausübung eben *keine* Gewalt, da sie nur indirekt oder überhaupt nicht körperlich wirken. Würde man den Gewaltbegriff zu weit fassen, wäre jede menschliche Aktion, sogar jeder menschliche Gedanke, ein Gewaltakt, da menschliches Handeln beabsichtigt oder unbeabsichtigt ständig die Umwelt verändert, anpasst, zerstört, unterwirft oder neu erschafft.

Um eine sinnvolle Definition für virtuelle Gewalt zu finden, muss also ein praktikabler Zwischenweg gefunden werden, der sie in ihrer Essenz greift, auf die Umstände virtueller Räume adaptiert, aber gleichzeitig vermeidet, sie aufzuweichen und unnötig auszudehnen.

Virtuelle Gewalt ist nicht zufällig sondern gewollt. So sind Missgeschicke, Unglücke und Unaufmerksamkeiten, die zu einem Schaden führen nicht als virtuelle Gewaltausübung anzusehen.

Virtuelle Gewaltausübung findet nur statt, wenn ein Urheber die Intention hat, sie auszuüben und Schaden mit ihr anzurichten. Sie ist nie technischen sondern immer menschlichen Ursprungs. Nicht beabsichtigte Fehler in technischen Systemen, die reale Auswirkungen haben, müssen auch als Unglück gewertet werden.

Virtuelle Gewalt wird über *technische* Kommunikationssysteme transportiert, die zeitlich und räumlich unabhängig sind. So wäre zum Beispiel der weltweite Briefverkehr nicht als virtueller Raum anzusehen, da er physisch existent und zeitlich abhängig ist.

Auch sollen virtuelle Gewalt*darstellungen* und die *virtuell simulierte* Ausübung realer Gewalt **nicht** als virtuelle Gewalt gelten. So sind beispielsweise audiovisuelle Darstellungen von realen Gewaltakten, Spiele in virtuellen Räumen, in denen gewalttätige Handlungen dargestellt werden oder gewaltverherrlichende, virtuell abgelegte Texte keine virtuelle Gewalt, wenn sie nicht mit der Intention angefertigt wurden, zu verletzen.

Dem widerspricht der Herausgeber der Frankfurter Allgemeinen Zeitung, Schirrmacher. Für ihn stellt das bloße Bereitstellen von gewaltverherrlichenden Medien bereits einen Gewaltakt dar.

„Das Netz ist außerdem ein Werkzeug, mit dem Gewalt gegen Minderjährige ausgeübt wird: "Fest steht, dass der ikonografische Extremismus, dem die Jungen und Jüngsten im Internet ausgesetzt sind, wie eine Körperverletzung wirkt." [toq 20]

Um die unpraktikable Ausweitung des Begriffes der virtuellen Gewalt jedoch zu vermeiden, widerspreche ich dieser These. In der Begrifflichkeit, in der virtuelle Gewalt in diesem Buch verwendet werden wird, geschieht sie immer mit I n t e n t i o n.

Die Veröffentlichung von gewalttätigen Medien wäre nur virtuelle Gewalt, wenn die Intention bestände durch die Veröffentlichung Schaden anzurichten. Vielmehr verbreiten sich Gewaltmedien häufig aus den Gründen einer Faszination für Gewaltdarstellungen, der man sich schwer entziehen kann: *„Es liegt darin [im Betrachten von Gewaltdarstellungen] auch ein Stück Empathie und ein Wissen darum, daß die Gewalt allgegenwärtig ist und daß sich niemand ihren Folgen entziehen kann, niemand sicher ist, daß ihm nie Gewalt widerfährt." (Hugger,S.232)*

Virtuelle Gewalt hat immer das Ziel, ein Opfer zu *verletzen*. Dabei bedient sie sich der Verletzungsoffenheit des Opfers und der Verletzungsmächtigkeit des Urhebers. Diese Verletzungen können psychisch, sozial, wirtschaftlich, technisch und in Ausnahmefällen auch unmittelbar physisch sein. Ein Urheber virtueller Gewalt möchte Schaden zufügen, verletzen, zerstören, Freiheit einschränken oder durch die erreichte Schadenswirkung Gewinn auf Kosten des Opfers erzielen.

Das Ziel virtueller Gewaltakte können bekannte oder unbekannte, zufällige Opfer sein.

Sie entspringt immer außerhalb des virtuellen Raumes, da sie ein menschliches und kein technisches Phänomen ist. Ihre Urheber sind immer Individuen oder Gruppen. Ihre Opfer sind ebenfalls Individuen oder Gruppen außerhalb des virtuellen Raumes. Falls sich die virtuelle Gewalt gegen das technische System des virtuellen Raumes selbst richtet, so werden die Konsequenzen solch eines Gewaltaktes trotzdem im realen Raum erlitten. Der virtuelle Raum stellt lediglich ein *Vehikel* dar. Reale Gewaltintentionen können in virtuelle Gewalt transferiert werden. Diese erreicht auf virtuellem Weg das Opfer und wirkt danach wieder real erlebbar.

Virtuelle Gewaltausübung ist kanalgebunden. Sie bedient sich der vorhandenen Kommunikationskanäle des jeweiligen benutzten technischen Systems. Um wirken zu können, benötigt sie mindestens einen Kommunikationskanal, sie kann sich aber auch beliebiger weiterer Kanäle bedienen. Kommunikationskanäle können textbasiert, auditiv oder visuell sein. Dabei ist es möglich dass Informationen, die der Urheber des Gewaltaktes über die Kanäle transportiert, im virtuellen Raum erhalten bleiben, sie können diesen aber auch lediglich durchlaufen. Jeder denkbare Kommunikationskanal ist als Vehikel für virtuelle Gewalt geeignet.

Virtuelle Gewalt kann von Individuen, Gruppen und privilegierten Gruppen ausgeübt werden.

Ihre Opfer können Individuen, Gruppen, dem technischen System gegenüber privilegierte Gruppen und in einem Sonderfall das technische System selbst sein. Jedoch wirken Gewaltakte gegen das technische System indirekt auch immer auf einen oder mehrere der drei genannten Opfergruppen.

4.2 Besondere Eigenschaften virtueller Gewaltausübung

Eine besondere Qualität erhält virtuelle Gewaltausübung durch spezielle technische Eigenschaften des virtuellen Raumes. Durch diese ist virtuelle Gewalt *zeitlich und räumlich ungebunden*, *multiplizierbar* und *automatisierbar.* Außerdem besitzt sie häufig eine *große Rezipientenbasis* und kann meistens *anonym* ausgeführt werden.

4.2.1 Zeitliche und räumliche Ungebundenheit

In virtuellen Räumen sind räumliche Distanzen bedeutungslos. Jeder Bereich eines virtuellen Raumes ist ohne zeitliche Verzögerung erreichbar. Dies bietet vortreffliche Möglichkeiten für das Wirken von Gewaltaktionen im virtuellen Raum. Es ist unerheblich wo auf der realen Welt sich ein Opfer virtueller Gewalt befindet. Während in der realen Welt ein Opfer physisch erreichbar sein muss und sich räumlich unerreichbar machen kann, so ist es im virtuellen Raum zu jedem Moment erreichbar. Eine virtuelle Gewaltaktion kann an einem vom Opfer weit entfernten Ort gestartet werden und sie erreicht das Opfer dennoch umgehend. Weiterhin ist es dem Urheber der Gewalt durch Automatisierung möglich, im Moment der eigentlichen Ausführung nicht im virtuellen Raum anwesend zu sein. Diese Eigenschaften des virtuellen Raumes lösen virtuelle Gewalt zeitlich und räumlich von ihrem Urheber los. In virtuellen Räumen kann eine einmal initiierte Gewaltaktion unabhängig von ihrem Urheber fortbestehen und wirken.

4.2.2 Multiplizierbarkeit und Automatisierbarkeit

Viele Formen virtueller Gewalt sind darauf angewiesen Medien wie Geräusche, Texte oder Bilder digital zu verbreiten. Andere formen virtueller Gewalt senden spezielle Steuerbefehle an technische Systeme. Liegen diese Anweisungen und Medien erst einmal in virtueller Form vor, können sie mit sehr wenig Arbeits- und Zeitaufwand beliebig oft vervielfältigt werden. Tatsächlich sind Vervielfältigung und Verteilung von Medien im virtuellem Raum ein und dieselbe Sache. Medien im virtuellen Raum vervielfältigen sich selbst, sobald sie einen gezielten oder zufälligen neuen Rezipienten erreichen. Durch die *Multiplizierbarkeit* virtueller Gewaltträger kann ihre Schadenswirkung erheblich höher sein als im realen Raum. So kann ein Angriff auf die Schwachstelle eines bestimmten technischen Systems auch multipliziert werden und auf weitere technische Systeme derselben Art wirken. Durch Datensicherungsmaßnahmen werden Gewaltträger häufig bereits automatisiert multipliziert und konserviert. Bestimmte Formen virtueller Gewaltträger multiplizieren sich sogar selbstständig und unkontrollierbar, ganz ohne menschliche Interaktion - wie zum Beispiel Computerviren. Selbst multiplizierende Gewaltträger können sehr lange im technischen Systemen existieren, auch wenn sie aktiv bekämpft werden. Es ist sogar denkbar, dass der Urheber der Gewaltaktion das technische System nicht mehr benutzt oder sogar verstorben ist, seine virtuell transportierte Gewaltaktion dennoch fort wirkt. Außerdem ist nach der Multiplizierung eines Gewaltträgers keine Kontrolle über die weitere Verbreitung mehr möglich, da Kopien der Kopien auch einfach angefertigt und verteilt werden können. So ist es möglich mit kleinstem Aufwand sehr große, teils nicht mehr kontrollierbare, Wirkungen zu erzielen. Diese Effizienz kann in der realen Welt nur durch die Aufwendung großer zeitlicher und materieller Ressourcen erreicht werden.

Virtuelle Gewaltaktionen können technisch *automatisiert* werden. Dies bedeutet, dass der Urheber der Gewalt eine Gewaltaktion nur vorbereiten muss, um diese danach automatisch, beliebig oft und zeitlich unbegrenzt ausführen zu können, sogar ohne selbst physisch an einem Zugangsgerät anwesend zu sein. Eine automatisierte virtuelle Gewaltaktion kann maximal so lange wirken, wie das System besteht, über welches sie ausgeführt wird, ohne dass der Urheber erneut Ressourcen für sie aufwenden muss. Durch die Automatisierbarkeit können virtuelle Gewaltaktionen für jeden beliebigen Zeitpunkt in der Zukunft geplant werden. Eine automatisierte virtuelle Gewaltaktion kann im Extremfall Jahre vor ihrer Ausführung in die Wege geleitet werden. Somit bietet die Automatisierbarkeit dem Urheber einer Gewaltaktion auch ein großes Drohpotential. Hinzu kommt, dass vorbereitete Gewaltaktionen sehr schwer zu unterbinden sind, selbst wenn sie vor ihrer Ausführung bekannt werden sollten. Einmal im virtuellen Raum anonym initiiert, kann das technische System, das als Träger der Aktion genutzt wird, dazu verwenden werden, zu verschleiern, dass es überhaupt eine Gewaltaktion in der Zukunft ausführen wird. Da die Gewaltaktion von jedem Punkt des Systems aus starten kann, sind Vermeidungsstrategien unter Umständen weniger erfolgversprechend als im realen Raum.

4.2.3 Große Rezipientenbasis

Je nach technischem System, das zur virtuellen Gewaltausübung benutzt wird, ist die mögliche Rezipientenbasis sehr groß. Im extremen Fall können alle Teilnehmer des entsprechenden Systems vom virtuellen Gewaltakt betroffen sein. Zum Beispiel bei der Nichterreichbarmachung von Systemen oder bei Zugangsbeschränkungen des Systems durch privilegierte Personen oder Gruppen. Da zu beobachten ist, dass ein Großteil der technischen Kommunikationssysteme miteinander vernetzt wird, steigt die Rezipientenbasis ständig. In der realen Welt ist es unmöglich so viele Opfer mit so wenigen Ressourcen zu erreichen, wie im virtuellen Raum. Dies schafft ein sehr vorteilhaftes Kosten-Nutzen-Verhältnis für Urheber von Gewalt, die sich gegen mehrere Opfer gleichzeitig richten soll.

Durch die Ausbreitung des virtuellen Raumes und die Vernetzung verschiedener technischer Systeme zu *einem* großen allumfassenden System, steigt die Rezipientenbasis stetig und somit auch die Möglichkeit eine noch größere Zahl von Opfern auf virtuellem Weg zu erreichen. Hinzu kommt, dass über virtuelle Räume ausgeführte Gewaltakte auch indirekt Opfer treffen können, die sich nicht in virtuellen Räumen aufhalten, zum Beispiel bei virtuellen Angriffen auf Infrastrukturen der realen Welt.

4.2.4 Hohe Anonymität

Viele virtuelle Räume bieten eine hohe Anonymität, die es dem Urheber virtueller Gewalt ermöglicht, mit wenig Aufwand unerkannt zu bleiben. Dies setzt die Hemmschwelle zur Gewaltausübung herab, da die Gefahr, Sanktionen für die ausgeführten Gewaltakte erleiden zu müssen, sinkt. Alle Zugangsgeräte zu Systemen, die anonym benutzt werden können, eignen sich besonders zur Ausübung virtueller Gewalt, bei der der Urheber verschleiert werden soll. Dies können zum Beispiel Telefonzellen, unregistrierte Mobiltelefone oder anonyme Internetterminals sein. Auch die mögliche sehr große geographische Entfernung zwischen Urheber und Opfer begünstigt die Anonymität und setzt auch die Hemmschwelle zur Gewaltausübung herab. Das Opfer kann dem Urheber gegenüber komplett fremd sein. Der virtuelle Raum abstrahiert das Opfer. Das Opfer kann anonym und beliebig sein. Abschließend kann durch die Anonymität auch die Ohnmacht des Opfers gegenüber dem Urheber erhöht werden. Der Urheber kann sich dem Opfer gegenüber unantastbar machen. Virtuelle Gewaltakte können aus einer nicht zu lokalisierenden Quelle kommen aber trotzdem zielsicher ihr Opfer erreichen. Dies erschwert auch maßgeblichen den Aufbau von Vertrauen in virtuellen Räumen.

4.3 Urheber und Opfer virtueller Gewalt

Urheber virtueller Gewalt können Individuen und Gruppen sein. Die Qualität der ausgeübten virtuellen Gewalt ändert sich, falls die Urheber dem System gegenüber privilegiert sind.

Opfer virtueller Gewalt können Individuen, Gruppen, privilegierte Individuen, privilegierte Gruppen, und das technische System mit den darin abgelegten Informationen sein.

4.3.1 Individuen

Individuen können Urheber und Opfer virtueller Gewalt sein. Dabei spielt es keine Rolle, welche Art von virtuellem Raum betrachtet wird. Jedes Individuum, das sich in einem virtuellen Raum befindet, ist verletzungsoffen und verletzungsmächtig. Alle Formen virtueller Gewalt können von Individuen ausgeübt werden und sich gegen Individuen richten. Die Verletzungsoffenheit gegen virtuelle Gewaltakte weitet sich auch auf solche Individuen aus, die keine virtuellen Räume nutzen, aber indirekt durch virtuelle Gewaltakte betroffen sein können.

4.3.2 Gruppen

Gruppen sind Zusammenschlüsse von Individuen, die im virtuellen Raum gemeinsam Gewalt ausüben oder Opfer dieser werden. Dies können Interessengruppen, politische Gruppierungen, Freizeitpartner, Arbeitskollegen und jede andere Gemeinschaft sein. Da Gruppen immer aus Individuen bestehen und diese verletzungsoffen und verletzungsmächtig sind, sind auch Gruppen im virtuellen Raum immer mögliche Urheber und Opfer virtueller Gewaltakte.

4.3.3 Privilegierte Individuen und Gruppen

Privilegien gegenüber weniger privilegierten Benutzern des virtuellen Raumes begründen sich auf politisch- oder technisch-datensetzender Macht auf den virtuellen Raum als Ganzes, auf dem Einfluss auf Subsysteme und auf medialer und technischer Kompetenz.

4.3.3.1 Datensetzende Macht

Datensetzende Macht in virtuellen Räumen kann von solchen Individuen und Gruppen ausgeübt werden, die direkten Einfluss auf den technischen Unterbau des jeweiligen virtuellen Raumes ausüben können.

Virtuelle Räume sind häufig durch Gesetze reglementiert und werden von nationalstaatlichen Organen kontrolliert. Durch diese Regelungen kann auf legalem Weg Gewalt gegen Benutzer virtueller Räume ausgeübt werden. Es ist möglich, dass virtuelle Freiheit eingeschränkt wird. So sind

Zugangsbeschränkungen, Zensur, technische Unerreichbarmachung und Abhörmaßnahmen potentielle virtuelle Gewaltaktionen. Da auf dieser Ebene direkt reglementierend auf den technischen Unterbau virtueller Räume eingewirkt werden kann, können durch diese Gruppen schwer oder überhaupt nicht vermeidbare Gewaltaktionen gegen die Benutzer initiiert werden. Politisch legitimierte Gewaltausübung auf virtuelle Räume gewinnt in den letzten Jahren immer mehr an Relevanz.

4.3.3.2 Einfluss auf Subsysteme

Nicht so allumfassende Privilegien gegenüber den anderen Benutzern haben Individuen und Gruppen inne, die auf bestimmte Subsysteme des virtuellen Raumes Einfluss ausüben können. Dies können zum Beispiel Betreiber von Teilen des technischen Unterbaus sein oder Ersteller von Angeboten im virtuellen Raum. So ist im virtuellen Raum als privilegiert anzusehen, wer in einem *Teil des Subsystems* des virtuellen Raumes mehr Rechte inne hat als ein normaler Benutzer, jedoch nicht auf den technischen Unterbau des virtuellen Raumes *als Ganzes* Einfluss ausüben kann.

4.3.3.4 Mediale und technische Kompetenz

Da ein tiefer gehendes Verständnis des technischen Unterbaus eines virtuellen Raumes oder Subraumes es einem Benutzer ermöglicht, wirkungsvollere Gewaltakte auszuführen, muss auch die mediale und technische Kompetenz als Privileg im virtuellen Raum gelten. Besonders in der Gewaltausübung gegen technische Systeme und im Bezug auf die bereits erwähnte Multiplizierbarkeit und Automatisierbarkeit virtueller Gewaltausübung besitzen medienkompetentere und technisch begabtere Urheber ein größeres Gewaltpotential, da sie das System in verletzungsmächtigerer Weise für sich arbeiten lassen können, außerdem können sie durch technischen Sachverstand ihre Verletzungsoffenheit verringern.

4.2.4 Technisches System

Das technische System selbst kann ausschließlich Opfer von virtueller Gewalt sein. Eine Ausübung derselben ist ihm nicht möglich. Das System ist lediglich das Vehikel für die Ausübung virtueller Gewalt, ein Werkzeug, das ohne Nutzer einfach nur wertfrei bestehen würde. Alle oben genannten Urheber virtueller Gewalt jedoch können Gewalt gegen das System selbst ausüben. Gewalt die gegen das technische System ausgeübt wird ist ein Sonderfall virtueller Gewaltausübung. Gewalt gegen das System kann ziellos geschehen, ohne dass ein menschliches Opfer das direkte Ziel des Urhebers ist, zum Beispiel bei der Generierung einer technischen Störung in einem Subsystem des virtuellen Raumes. Trotzdem wirkt sich der resultierende Schaden bei Gewaltakten gegen das technische System immer auch auf menschliche Opfer aus, die durch die Veränderung des technischen Systems direkt oder indirekt betroffen sind. So sind Gewaltakte gegen das System lediglich ein weiterer Zwischenschritt in der virtuellen Gewaltausübung, die immer in der Realität endet.

5. Formen virtueller Gewaltausübung

Eine Klassifikation der Formen virtueller Gewaltausübung fällt nicht leicht, da ihre Ausprägungen vielfältig sind und ständig neue Formen entstehen. Weder nach der Gruppierung der Opfer, noch nach der Gruppierung der Urheber lässt sich eine sinnvolle Einteilung tätigen, da fast alle Formen von mehreren Urheber-Gruppen ausgeführt werden können und fast jeder virtuelle Gewaltakt alle Opfergruppen als Ziel haben kann. Da alle Formen virtueller Gewaltausübung jedoch eine Schadenswirkung auf das Opfer gemein haben, ist es sinnvoll, eine Klassifikation nach der Art des entstandenen Schadens vorzunehmen. Auch hier ergeben sich in Einzelfällen Überschneidungen zwischen den einzelnen Gewaltformen, trotzdem ist eine Abgrenzung leichter und deutlicher möglich, als nach einem anderen Kriterium.

Im folgenden Kapitel werden 5 Grundformen virtueller Gewalt vorgestellt. Anschließend folgen jeweils einige aktuelle Beispiele, um die Wirkungsweisen und Methoden der einzelnen Gewaltformen praxisnah zu verdeutlichen.

Die fünf Grundformen virtueller Gewaltausübung verursachen entweder *psychisch-soziale*, *technische* oder *körperlich-physische* Schäden. Als Sonderformen kommen der *virtuelle Vandalismus* und die *virtuelle Gewaltausübung, die Freiheiten beschränkt*, hinzu.

5.1 Virtuelle Gewaltausübung, die psychische oder soziale Schäden verursacht

5.1.1 Überblick

Ausprägungen dieser Gewaltform sind auch in der realen Welt zu beobachten. Sie werden lediglich auf den virtuellen Raum adaptiert und gewinnen durch seine besonderen Eigenschaften eine eigene Qualität. Der Urheber dieser Gewaltform zielt auf gesellschaftliche Integrität, gesellschaftliche Teilhabe und psychische Stabilität der Opfer ab, um auszugrenzen oder zu verletzen. Die Ausprägungen dieser Art der Gewaltausübung unterscheiden sich in ihrer Essenz nicht von den entsprechenden im realen Raum. Zu Ihnen gehören zum Beispiel Mobbing, Stalking, Ausgrenzung, Verleumdung, Belästigung, Bedrohung, Ehrverletzung, Rufmord, nicht-physische sexuelle Gewalt, Einschüchterung, und Demütigung.

Die Ausübung solcher Gewaltakte wird im virtuellen Raum besonders durch die Anonymität, die Multiplizierbarkeit und die große Rezipientenbasis begünstigt. Angriffe auf ein Opfer aus einer nicht greifbaren Quellen können stärker treffen und einfacher einschüchtern als ein direktes Wort in der realen Welt. Die Multiplizierbarkeit von Medien im virtuellen Raum ermöglicht eine viel größere und effizientere Verbreitung. So kann das Photo, das ein Opfer in der Ehre schädigen soll, in kürzester Zeit Millionen von Empfängern erreichen, oder eben nur gezielt den kleinen Kreis aus Personen um das Opfer herum. Das Opfer selbst hat keinerlei Einfluss auf die multiplizierte Gewaltaktion. Zudem kann es niemals sicher sein, dass das unerwünschte Medium nicht in Zukunft wieder auftaucht und neuen Schaden verursacht. Es ist möglicherweise so häufig multipliziert worden, dass es nie mehr komplett aus dem virtuellen Raum verschwinden wird. Somit kann die mögliche Schadenswirkung einer virtuellen Gewaltaktion zeitlich unbegrenzt fortgesetzt werden. Hinzu kommt die große Verbreitung von mobilen Endgeräten, die jederzeit einen Zugang zu virtuellen Räumen herstellen können um Medien in diese einzuspeisen. Kein Missgeschick, keine Unzulänglichkeit eines potentiellen Opfers ist sicher vor virtueller Erfassung und multiplizierter Distribution.

Doch nicht nur die Multiplizierbarkeit stellt ein Problem für ein potentielles Opfer dar. Auch die räumliche Ungebundenheit des virtuellen Raumes macht das Opfer verletzlich. Ist es darauf angewiesen, einen virtuellen Raum zu nutzen, ist es jederzeit für den Urheber auf virtuellem Weg erreichbar. Da der virtuelle Raum sich über nationalstaatliche Grenzen hinaus erstreckt, und selbst lokal die Gesetzeslage häufig unklar ist, bietet sich dem Opfer noch nicht einmal immer eine Rechtssicherheit um sich gegen Urheber zur Wehr zu setzen.

Wegen den vortrefflichen Möglichkeiten, die der virtuelle Raum den Urhebern von psychischer und sozialer virtueller Gewaltausübung bietet, ist eine vermehrte Nutzung eben dieser zu beobachten. Weit verbreitet sind inzwischen Formen des „virtuellen Mobbings". Nachfolgend wird exemplarisch diese spezielle Unterform psychisch-sozialer virtueller Gewaltausübung ausführlicher vorgestellt werden, da man an ihr alle Besonderheiten virtueller Gewaltausübung beobachten kann.

Das so genannte „Cyber-Mobbing" ist inzwischen eine besonders unter Jugendlichen beliebte Form der virtuellen Gewaltausübung. Die dabei genutzten Methoden zeigen anschaulich, wie virtuelle Gewalt wirken kann:

Sie wollten sich rächen, sie taten es virtuell. Eine Gruppe von Schülern an einem süddeutschen Gymnasium machte ihren Lateinlehrer für den Schulabgang eines Freundes verantwortlich. [..] Die Schüler, keiner älter als 14 Jahre, beschafften sich ein Bild des verhassten Lehrers, dann das animierte Video einer Hinrichtung und fügten das Gesicht des Lehrers ein. Das Video zeigt ihn nun, wie er eine Straße entlang läuft. Ein Gewehr taucht auf, ein Schuss trifft den Mann in den Kopf. Der Kopf platzt Blut spritzend und rollt auf die Straße. Im Hintergrund läuft düstere Musik der "Böhsen Onkelz". Das Video stellten die Schüler ins Internet, dazu einen Text, in dem sie dem Lehrer die Schuld dafür gaben, dass einige Mitschüler die Schule verlassen mussten [toq 1]

Durch die einfache Multiplizierbarkeit virtueller Gewaltträger wird in diesem Beispiel ein herabsetzender Gewaltakt verbreitet.

Mobbing gegen Lehrer mindert die Qualität des Unterrichts und begünstigt auch die Ausübung sozialer Gewaltformen unter Schülern, wie eine 2002 angefertigte Studie über „reales" Mobbing an deutschen Schulen belegte, die Problematik dürfte durch die beliebter werdenden Formen virtueller sozialer Gewaltausübung noch weiter verschärft werden:

„ [..] Es liegt damit auf der Hand, dass einige Viktimisierungserlebnisse die Einschätzung der Selbstwirksamkeit der Lehrer im Umgang mit Bullying-Übergriffen unter Schülern beeinflussen, ein couragiertes und effektives Eingriffsverhalten unwahrscheinlich machen und sich damit die Bullying-Problematik an Schulen noch verschärft, indem den Opfern soziale und emotionale Unterstützung verwehrt und die Möglichkeit eines (erwachsenen) Ansprechpartners genommen wird." (Hayer in Ittel, S.252)

Ein weiteres Beispiel aus einer nordrhein-westfälischen Schule verdeutlicht weiter die aktuelle Situation:

An einer Gesamtschule in Nordrhein-Westfalen veröffentlichte eine Gruppe von Schülern pornografische Montagen, die Lehrer und Schüler beim Sex zeigten. Die Fotos waren professionell bearbeitet, selbst Experten mussten genau hinsehen, um sie als Fälschungen zu enttarnen. Als Ausgangsbilder verwendeten die Schüler Pornobilder, die schon die passende Kulisse, nämlich Klassenzimmer, boten. [toq 1]

Virtuelles Mobbing bedient sich meistens der Verbreitung von Bildern oder der Verbreitung von Informationen. Für diese medial transportierten Gewaltakte bieten virtuelle Räume ein mächtiges Vehikel.

5.1.2 Kanalgebundenheit

Diese Form virtueller Gewaltausübung ist, wie alle anderen Unterformen auch, kanalgebunden. Das bedeutet, dass sie auf geeignete Kommunikationskanäle beschränkt ist um wirken zu können. Da bei psychisch-sozialer virtueller Gewalt hauptsächlich mediale Informationen verbreitet werden, bieten sich auch nur Kommunikationskanäle an, die solche Informationen transportieren können, also virtuelle Ton- , Text- und Bildträger:

„Die Bilder wurden dann als Pornoschulzeitung via Bluetooth-Verbindung der Handys und über ICQ im Internet unter die Schüler gebracht. Bis Lehrer und Schulleitung davon erfuhren, gab es bereits drei Ausgaben der "Porn-News", wie die Schüler das digitale Pornoschulheft betitelten." [toq 1]

Die hier genannten Verbreitungswege, der ICQ-Messenger und Bluetooth-Verbindungen sind nur einige der möglichen Verbreitungskanäle.

Messengerprogramme wie ICQ, aber auch Skype, MSN-Live oder Yahoo! Messenger sind Softwareprogramme, die den Onlinestatus eines anderen Internetteilnehmers anzeigen können. Ist der Kommunikationspartner verfügbar können über diese Programme direkte Textnachrichten, Sprachnachrichten, aber auch Bilder, Geräusche und jedes andere Medium versandt werden. Wegen Ihrer Anonymität und räumlichen Ungebundenheit eigenen sich Messenger-Programme gut für virtuelle Gewaltausübung. Messengerprogramme sind auf fast jedem aktuellen Betriebssystem in der Standardkonfiguration bereits enthalten und haben deshalb eine breite Nutzerbasis.

Außerdem erlauben sie eine einfache Distribution von Medien an mehrere Empfänger, ohne dabei mehr Ressourcen zu verbrauchen.

Doch auch jeder andere Kanal, der direkt oder indirekt mediale Inhalte transportieren kann ist für psychisch-soziale virtuelle Gewaltausübung geeignet.

So können zum Beispiel auch persönliche Webseiten, Foren, Telefonkonferenzen, Chats, E-Mail und jeder die Voraussetzungen erfüllende andere Kommunikationskanal als Vehikel dienen.

Die Allgegenwärtigkeit der Bedrohung durch virtuelle Gewalt – auch im realen Raum – zeigt die folgende Aussage aus einem Interview einer nachfolgend vorgestellten Studie zu virtueller Gewalt.

5.1.3 Einblick in die US amerikanische Situation

„Man muss aufpassen, was man sagt und wem gegenüber. Schnell taucht eine heikle Aussage sonst in der Öffentlichkeit wieder auf, öfters mit einem peinlichen Kommentar. Die Kommunikation zwischen Teenagern verliert an Privatheit." [toq 2]

Eine Umfrage des PEW Internet & American Life Projects unter 935 US amerikanischen Teenagern im Herbst 2006 *[woq 3]* belegt das Problem. Demnach haben 32% der befragten Personen, die sich täglich im Internet befinden, bereits virtuelles Mobbing erleiden müssen.

Das in dem Papier mit „Cyberbullying", übersetzt in etwa „virtuelles tyrannisieren", benannte Problem betrifft am häufigsten Onlinenutzerinnen im Alter von 15-17 Jahren. Mit dem Wort „Bully" ist im ursprünglichen, nicht-virtuellen Sinn, der Schläger auf dem Schulhof gemeint, der andere anrempelt, verprügelt, ausraubt oder erpresst. 42% der befragten Mädchen aus dieser Altersgruppe gaben an, bereits mindestens einmal Opfer von Cyberbullying geworden zu sein. Von ihren männlichen Altersgenossen gaben dies nur 29% an. Von den vier zur Auswahl gestellten Formen virtueller Gewalt wurden die meisten Umfrageteilnehmer/innen

Opfer von Weiterleitungen privater Nachrichten an Dritte (Jungen 13% / Mädchen 17 %). Die weiteren möglichen Antwortmöglichkeiten waren das Erhalten bedrohender oder aggressiver Nachrichten (Jungen 10% / Mädchen 15%), das Verbreiten von Gerüchten (Jungen 9% / Mädchen 16%) und schließlich die unerlaubte Verbreitung peinlicher Bilder (Jungen 5% / 7% Mädchen).

Hier wird deutlich, dass die Formen virtueller psychisch-sozialer Gewalt am häufigsten genutzt werden, die den geringsten Aufwand bedürfen um ausgeführt zu werden. So ist für das Weiterleiten einer erhaltenen Nachricht ein äußerst geringerer Zeitaufwand nötig. Das Versenden eines Bildes hingegen benötigt etwas mehr technischen Sachverstand und die Bilder müssen natürlich gegebenenfalls vorher angefertigt und digital aufbereitet werden, um sie in virtuellen Kanälen nutzen zu können. Interviews mit den Befragten Schülerinnen und Schülern geben Aufschluss über Motivationen und Techniken des „virtuellen Bedrängens".

„In our focus groups, we asked teens about online experiences they had with bullying and harassment. In some cases what we heard was that adolescent cruelty had simply moved from the school yard, the locker room, the bathroom wall and the phone onto the internet. The

simplicity of being able to replicate and quickly transmit digital content makes bullying quite easy. "Just copy and paste whatever somebody says," a middle school girl explains as she describes online bullying tactics." [woq 3]

Doch nicht nur die ressourcenschonende Einfachheit der multiplizierten Gewaltausübung ist ausschlaggebend. Auf der Urheberseite der Gewaltaktion kann nach Angaben eines befragten Schülers durch die hohe Anonymität eine Illusion von Allmacht entstehen, die zur Gewalt anspornt:

"I've heard of it and experienced it. People think they are a million times stronger because they can hide behind their computer monitor. Also known as 'e-thugs.'" [woq 3]

Das Resümee der Studie deckt sich mit einigen der ursprünglichen Annahmen zu virtueller Gewaltausübung:

„Bullying has entered the digital age. The impulses behind it are the same, but the effect is magnified. In the past, the materials of bullying would have been whispered, shouted or passed around. Now, with a few clicks, a photo, video or a conversation can be shared with hundreds via email or millions through a website, online profile or blog posting." [woq 3]

Fand Bullying-Gewalt in den USA früher hauptsächlich im schulischem Umfeld und auf dem Weg nach Hause statt (Rapp-Paglicci, S.250), so erobert sie sich heute auf virtuellem Weg einen Platz in den privaten häuslichen Lebensräumen der Opfer.

Psychische virtuelle Gewaltausübung kann bei labilen Persönlichkeiten großen Schaden verursachen und sogar zum Tode führen. Mediales Aufsehen erregte ein weiterer Fall aus den USA im Herbst 2006. Dort erhängte sich ein 13-jähriges Mädchen, nachdem ihr virtueller Freund, den sie nie in der Realität kennen gelernt hatte, die Beziehung mit ihr beendet hatte. Der Freund jedoch existierte nie als Person, sondern wurde lediglich von einer rachsüchtigen Bekannten des Mädchens gespielt. *[woq 33]* Der Fall zeigt auch die fehlende Rechtssicherheit für Opfer virtueller Gewaltakte. Eine Verurteilung der Täterin war nach amerikanischen Gesetzen nicht möglich.

„Bisher gibt es kein Gesetz, nach dem jemand bestraft werden könnte, der anderen über eine Online-Plattform seelisches Leid zufügt. Das Gesetz von Missouri, das einem Anti-Mobbing-Gesetz am nächsten kommt, stammt aus dem Jahre 1974 und ist auf das Internet nicht anwendbar. Nicht nur in Missouri kann man einen Menschen regelrecht in den Selbstmord treiben, ohne dadurch zum Täter zu werden." [woq 33]

5.1.4 Einblick in die deutsche Situation

Auch in Deutschland ist die rechtliche Lage ungeklärt. Der deutsche Philologenverband prangert das „Internet-Mobbing" gegen Lehrer in einem offenen Brief an:

„Nach wie vor sei es so, "dass Diensteanbieter wie Youtube.com und andere für die Einstellung fremder Inhalte wie Hinrichtungsvideos von Lehrern auf ihren Plattformen nicht verantwortlich gemacht werden können". Damit liege der "Schwarze Peter" bei den Opfern, die selbst gegen die ihnen unbekannten Täter juristisch vorgehen müssen." [toq 5]

Und auch der Gewerkschaft für Erziehung und Wissenschaft (GEW) ist sich des Problems bewusst:

„Zwar besteht zu Dramatisierungen kein Anlass, trotzdem müssen die Lehrerinnen und Lehrer besser vor Attacken im Internet geschützt werden. Beleidigungen, Beschimpfungen und Bloßstellungen via Internet dürfen nicht als neue Variante von Schülerstreichen akzeptiert werden" [woq 5]

Eine deutsche Studie des Medienpädagogischen Forschungsverbundes Südwest identifiziert die hohe Verbreitung von Mobiltelefonen mit Videofunktion als einen Auslöser virtueller Gewaltakte. *[toq 45]* Von den 1200 Befragten besaßen 94% ein eigenes Mobiltelefon. 29% dieser Gruppe gaben an, bereits schon einmal Zeuge davon gewesen zu sein, dass mit diesem eine Schlägerei oder ein als „Happy Slapping" benannter Gewaltakt gefilmt und danach virtuell weiterverbreitet wurde. (Beim „Happy Slapping", in etwa „Fröhliches Schlagen", wird im Vorübergehen eine unbeteiligte und unwissende Person geschubst, getreten oder anders körperlich angegangen, während die Aktion und Reaktion

41

des Opfers auf einem Video festgehalten wird)

Als Resümee der Studie wird eine weitere Forschungsnotwendigkeit beteuert:

"Die Ergebnisse bestärken uns, hier weiter in die Forschung zu investieren und das Handy als wichtiges Jugendschutzthema zu begreifen" [toq 45]

5.1.5 Weitere Ausprägungen und Gewaltbewältigung

Professionelle Unterstützung für Urheber von virtuellem Rufmord und öffentlicher Anprangerung von Personen bieten eine Reihe von Diensten in virtuellen Räumen an. So zum Beispiel auch das Portal rottenneighbor.com *[woq 4]* (übersetzt in etwa „verflixter Nachbar"). Hier können Kommentare über die eigenen Nachbarn auf einem virtuellen Stadtplan hinterlassen werden. Diese sind ohne Anmeldung und ohne Überprüfung auf ihren Wahrheitsgehalt hin, jederzeit von jedem Internetnutzer abrufbar.

Doch Rufmord richtet sich virtuell nicht ausschließlich gegen Privatpersonen oder Familien. Durch eine ständig wachsende Anzahl von „Bewertungsportalen", kann inzwischen jede Dienstleistung, jede Firma und jedes Produkt Ziel von gerechtfertigten oder ungerechtfertigten virtuellen Gewaltakten werden.

Die speziellen Eigenschaften des virtuellen Raumes können jedoch auch für Gewaltbewältigungsstrategien genutzt werden. Ein gutes Beispiel ist die Webseite eines Schülers, der selbst Opfer von Mobbing in der realen Welt wurde und über das Internet nun mit anderen Opfern solidarisiert und Informationen austauscht. *[toq 7]*

Da die virtuelle soziale Gewaltausübung nur die Adaption bestehender realer sozialer Gewaltformen auf den virtuellen Raum darstellt, kann ein Gegengewicht, welches das Problem an den Wurzeln greift, wahrscheinlich auch nur in der realen Welt wirken. Technische Einrichtungen können die Bekämpfung von psychisch-sozialer virtueller Gewalt lediglich unterstützen.

So sind laut de Castro Präventionsmaßnahmen die auf „[..] Selbstbeobachtungsfähigkeiten, Repräsentation der Emotionen und Intentionen anderer, Emotionsregulierung und Reaktionsspektren [..]" abzielen, als erfolgversprechend anzusehen. *(de Castro in Ittel, S.43)* Diese Aussage, die sich auf das reale Bullying und Mobbing bezieht, hat auch das Potential für die virtuellen Ausprägungen dieser Gewaltformen einen nützlichen Ansatzpunkt zu bieten.

Virtuell ausgetragene psychisch-soziale Gewaltaktionen bedienen sich der speziellen Eigenschaften virtueller Räume um einfacher, schneller und stärker zu schaden. Der technische Unterbau virtueller Räume ermöglicht eine schnelle, gezielte, ressourcenschonende und falls gewünscht auch multiplizierte Distribution der realen Schadensintention mit dem virtuellen Raum als Vehikel, als *Schadensträger*.

5.2 Virtuelle Gewaltausübung, die technische Schäden verursacht

5.2.1 Überblick

Diese Form virtueller Gewaltausübung ist an den virtuellen Raum gebunden, im Gegensatz zu der psychisch-sozialen Ausprägung. Es existiert kein Pendant in der realen Welt, da sie auf den technischen Unterbau virtueller Räume abzielt.

Bereits vor fast 20 Jahren prognostizierte Alexander Roßnagel in „Die Verletzlichkeit der Informationsgesellschaft":

„In einer aus dem heutigen Trend sich entwickelnden künftigen 'Informationsgesellschaft' wird die Abhängigkeit vom Funktionieren der automatischen Informationsverarbeitung und Telekommunikation und damit das potentielle Schadensausmaß noch beträchtlich ansteigen. Informationsverarbeitung und Telekommunikation werden in Umfang, Verbreitung und Bedeutung zunehmen, noch stärker in die Gesellschaft eindringen und zu einem vernetzten System zusammenwachsen. Dabei werden sie andere Formen der Informationssammlung, -verarbeitung und Kommunikation verdrängen und schließlich weitgehend ohne Alternativen und Substitutionsmöglichkeiten sein. Störungen in einem Bereich werden sich dann schnell auf andere Bereiche übertragen" (Roßnagel, S.80)

Diese mit viel Weitsicht gemachte Aussage spiegelt die aktuelle Situation sehr gut wieder. Tatsächlich gibt es eine Entwicklung hin zum allumfassenden, alle Lebensbereiche berührenden virtuellen Raum.

Dieser virtuelle Raum ist auf einer niedrigeren Abstraktionsebene ein technisches System.

Er besteht aus einer Unmenge von Kabeln, Funkverbindungen, Computern, Verteilerstellen, Energiezufuhreinrichtungen und Endgeräten. Über dieser Ebene der Hardware liegt eine schier unüberschaubare Menge von Softwareprogrammen um den Informationsfluss zu ermöglichen, zu steuern, zu verändern oder auch zu behindern. Dieses komplexe technische Gebilde selbst bietet viele Angriffspunkte und ist gleichzeitig der technische Unterbau des virtuellen Raumes.

Software und Hardware können fehlerhaft und dadurch angreifbar sein und sind es häufig auch. Durch die weltweite Vernetzung sind diese Angriffspunkte von jedem anderen Punkt des Netzes aus erreichbar. Dies schafft ein großes Gewaltpotential. Systeme des virtuellen Raumes können durch technische virtuelle Gewaltakte verlangsamt, manipuliert, abgeschaltet und sogar zerstört werden.

Da die Menge von im virtuellen Raum auf technischem Wege verwaltetem Buchgeld ständig wächst, steigt auch das Risiko das Opfer eines technisch virtuellen Gewaltaktes zu werden, der auf Besitztümer abzielt oder der einfach nur die Anrechtsoptionen auf diese Besitztümer zerstört. Besitzoptionen auf Güter sind im virtuellen Raum ebenso beweglich wie jede andere Information. Sie sind zeitlich und räumlich ungebunden und können in kürzester Zeit von einem Besitzer zum anderen wandern. Dazu müssen keine physischen Güter ausgetauscht werden, der Besitzanspruch auf Geld oder Waren wird lediglich durch virtuelle Datensätze verbrieft. Bereits hier ergab sich ein erhebliches

Schadenspotential. So machte J.Mack Adams bereits in den 1970er Jahren mit einem einfachen Planspiel deutlich, welche Gefahren der technische Transport von Besitzansprüchen mit sich bringen kann:

„For example, consider a computer that that handled stock transactions. A program that was supposed to make stock and corresponding fund transfers could, rather than transfer, for example, $100,000 directly from account X to account Y, let the $100,000 rest in account Z for several minutes in the process of being transfered. If the volume of transactios were high enough, there would always be another $100,000 ready to „rest" in account Z on its way from one account to another account. Thus, by „boworing" the $100,000 from many different people for at most several minutes per person, one could manage to „borrow the $100,000 indefinitely" (Adams, S.117)

Diese virtuellen Besitzansprüche wurden bisher größtenteils von professionellen Institutionen verwaltet. Banken, Versicherungen und Konzerne betrieben ihre eigenen virtuellen Räume, die abgeschottet waren vom allumfassenden „Allnet". Seit den 1990er Jahren wandert jedoch immer mehr privat verwaltbares Buchgeld in öffentliche virtuelle Räume. Dies geschieht in Form von Zugängen zu Buchgeldkonten bei Banken, aber auch reine virtuelle Kreditinstitute, wie zum Beispiel Paypal *[woq 18]* sind entstanden. Anrechtsoptionen auf Güter oder Geld verbergen sich weiterhin hinter Optionen auf virtuelle Dienstleistungen. Selbst rein virtueller, nicht physisch-monetärer, Besitz ist entstanden in Form von Avataren für Onlinespiele oder in Form virtueller Immobilien in Subsystemen des virtuellen Raumes. Einen weiteren Anstieg der Anrechtsoptionen auf Güter und Geld prognostiziert, wenn auch mit Einschränkungen, Karlheinz Steinmüller:

„Nun wäre dies nicht die erste Umwälzung des Geldwesens seit der Muschelwährung. Die kulturellen Barrieren sind jedoch hoch. Wie weit vertraut man einem Geld, das man nur noch

virtuell in der Tasche hat? Wir Normalverbraucher werden ganz rational nach dem Nutzen
fragen. Und den haben wir bislang nur in Spezialfällen. [..] Dennoch haben Transaktionen im
Internet schon heute eine merkliche finanztechnische Wirkung: die generell im Umlauf befindliche
Geldmenge – in der Fachsprache M3 – wächst immer schneller an." (Steinmüller, S. 192)

Dieser Anstieg von virtuell transferierbaren Werten, die in der reale Welt in echte
Werte umgemünzt werden können, eröffnet ein großes Bedrohungspotential für
virtuelle Gewaltopfer. Eine Person kann virtuell um ihren Besitz gebracht werden.
Gewaltakte um an virtuelle Besitztümer zu gelangen, sind inzwischen an der
Tagesordnung. Besitzansprüche werden losgelöst von real verbrieften monetären
Dingen und werden ein virtuelles Datum, das auf einen funktionstüchtigen
technischen Unterbau angewiesen ist.

Neben der Gefährdung technisch verwalteter Besitztümer im virtuellen Raum
besteht weiterhin die Verletzungsoffenheit des technischen Unterbaus im
Allgemeinen.

Schlagworte wie „Cyberterrorismus" und „Cyberkrieg" „elektronischer Jihad" [toq
22] werden inzwischen sogar von nationalstaatlicher Seite benutzt um auf
drohende Gefahren aufmerksam zu machen. So machte die Clinton-
Administration in den USA bereits im Jahre 1998 den Schutz gegen technische
virtuelle Verletzungsoffenheit in einer schriftlichen Stellungnahme zu einem
erklärten Ziel:
„The 1998 Clinton memorandum that directed agencies to address vulnerabilities in eight critical
infrastructures -- including banking networks, transportation systems, telecommunications, water,
and power -- and created the National Infrastructure Protection Center (NIPC) and the CIAO."
[woq 6]

Doch nicht nur nationalstaatliche Infrastrukturen sind von technischer virtueller Gewaltausübung bedroht. Jeder Nutzer von virtuellen Räumen ist ein potentielles Opfer technischer virtueller Gewalt. Das Unbrauchbarmachen eines Benutzerendgerätes auf technischem Wege kommt einem privaten virtuellen Exitus gleich - ist der Zugang gestört, ist der Benutzer in der virtuellen Welt nicht mehr vorhanden.

Technische virtuelle Gewalt richtet sich immer zunächst gegen ein System und nur indirekt gegen die Benutzer desselben. Das technische Vehikel ist das primäre Opfer, Folgeschäden für die Benutzer des Systems können allerdings katastrophal sein. Technische virtuelle Gewalt benötigt keinen physischen Zugang zu den Zielsystemen. Sie wirkt im und über den virtuellen Raum und zerstört Teile von ihm. Diese Schadenswirkung kann auch wirtschaftliche Folgen haben oder sogar ursprünglich auf wirtschaftlichen Schaden abzielen, in etwa wenn kritische Infrastrukturen nicht mehr zur Verfügung stehen, wenn virtuelle repräsentierte Werte zerstört oder entwendet werden und wenn die Reparatur von technischen Systemen notwendig wird.

Das System selbst ist das einzige nicht-menschliche Ziel virtueller Gewalt. Es bietet selbst das Vehikel für die Gewalt gegen sich selbst, kann aber selbst keine Gewalt ausüben. Das System hat das Potential inne, sich selbst mit menschlicher Mithilfe zu zerstören. Ohne menschliche Interaktion - *ist* - es lediglich, ohne selbst agieren zu können.

Da die Funktionstüchtigkeit moderner Gesellschaften in einem erheblichen Maße von der Funktionstüchtigkeit ihrer technischen Systeme abhängt, ist technische virtuelle Gewalt ein großer Gefahrenfaktor. Im größeren Kontext werden

Versorgungsinfrastrukturen, Kommunikationsinfrastrukturen und Geldsysteme über, mit virtuellen Räumen verbundene, technische Steuersysteme betrieben. Im privaten Bereich findet bereits heute ein Teil des persönlichen Lebensmanagements in virtuellen Räumen statt. Geschäfte werden abgeschlossen, Amtsgeschäfte werden erledigt, Verabredungen werden koordiniert, privates Kapital wird mit Hilfe virtueller Räume bewegt. Während die Abhängigkeit von technisch einwandfrei funktionierenden virtuellen Räumen wächst, wächst gleichzeitig auch die Verletzungsoffenheit dieser und damit auch die ihrer Benutzer.

Gewaltakte gegen das technische System können mit sehr geringen Ressourcen ausgeübt werden und dennoch große Schäden anrichten. Mit dem entsprechenden technischen Sachverstand genügt der Zugang zu einem Endgerät, um automatisierbare und multiplizierbare Schadenswirkungen zu erzielen.

5.2.2 Virtuelle Kriegsführung

Virtuelle technische Gewalt findet nicht nur theoretisch sondern tatsächlich statt und vermag große Schäden in der realen Welt anzurichten. Mehrere Nationen bereiten sich auf eine virtuelle Kriegsführung vor um Infrastrukturen der Gegner komplett ohne herkömmliche militärische Gewaltakte zu schwächen oder zu vernichten.

So wurde zum Beispiel im September 2007 das nordeuropäische Estland Opfer eines technisch-virtuellen Angriffs.

„Um ein fremdes Land anzugreifen, müssen nicht unbedingt Flugzeuge, Raketen oder Panzer eingesetzt werden: Das kleine Estland erlebte in diesem Frühsommer den weltweit bisher schwersten Hacker-Angriff. Mehr als 20 Tage lang wurden Computer von Regierung und Banken mit Millionen sinnloser Anfragen bombardiert und lahmgelegt. Als Drahtzieher verdächtigten die Esten ihren Nachbarn Russland. Moskau liegt seit dem Denkmal-Streit in Tallinn mit der estnischen Regierung im Clinch." [toq 18]

Die Attraktivität solcher Angriffe liegt auf der Hand. Musste man bisher einen konventionellen Angriff auf einen Staat durchführen, um ähnliche Resultate zu erreichen, genügen bei Angriffen über virtuelle Räume einige gut ausgebildete Fachkräfte und eine adäquate IT-Infrastruktur, die in den meisten Industrienationen bereits vorhanden ist.

Ein weiterer Fall, bei dem die russische Regierung als mutmaßlicher Urheber genannt wurde ereignete sich im Juli desselben Jahres und zielte auf Opfer im eigenen Land. Hier wurde sogar von einem regelrechten „Informationskrieg" gesprochen:

„Im russischen Cyberspace tobt ein erbitterter Kampf: Medien und Oppositionelle bezichtigen den Kreml, ihre Webseiten gehackt zu haben. Die Regierung hüllt sich in Schweigen. Experten sagen Russland einen gewaltigen Informationskrieg voraus. Mehrere Oppositionsparteien und unabhängige Medien werfen dem Kreml vor, er habe ihre Webseiten in einer gewaltigen Medienoffensive "gehackt" und "verkrüppelt". Die Regierung habe große Online-Netzwerke von Computern, die mit Viren und Schad-Software infiziert waren, dazu missbraucht, kritische Webseiten gezielt lahmzulegen oder zu löschen. Die Hacking-Offensive ziele darauf ab, die letzten unabhängigen Informationsquellen in Russland mundtot zu machen." [toq 4]

Aus US-amerikanischer Sicht ist „Cyber Crime" eines der größten Probleme für die nationale Sicherheit. Der US-Rechnungshof veröffentlichte im Juli 2007 einen warnenden Bericht. Darin hieß es:

„Allein die Computerkriminalität verursache nach Schätzungen des FBI aus dem Jahr 2005 einen jährlichen Schaden von 67 Milliarden Dollar in den USA. 2006 seien Verluste in Höhe von 50 Milliarden durch Identitätsraub und von einer Milliarde durch Phishing entstanden. Die Besorgnis wachse jedoch, dass "unsere Feinde, gleich ob Staaten oder Terroristen, unsere nationale Sicherheit bedrohen". Geheimdienstmitarbeiter würden beispielsweise darauf hinweisen, dass "Staaten und Terroristen einen koordinierten Cyberangriff ausführen können, um die Stromversorgung, die Kontrolle des Flugverkehrs und Finanzsektoren ernsthaft zu stören." [toq 8]

Dass die Sorgen berechtigt sind, zeigt ein im Juni 2007 ausgeführter Angriff auf die Computersysteme des Pentagons. Chinesische Computerexperten seien bis zu dem Rechner des US-Verteidigungsministers Gates vorgestoßen. *[toq 17]*

Es sollen sogar konkrete Pläne für einen virtuellen Krieg Chinas gegen die USA vorhanden sein. Durch einen „Cyber-Angriff" solle die amerikanische Luftwaffe außer Gefecht gesetzt werden. Cyber-Angriffe könnten als Ergänzung zu konventionellen Methoden der Kriegsführung genutzt werden:

51

„Insgesamt strebe China bis 2050 eine "elektronische Dominanz" über Länder wie Großbritannien, Russland, Südkorea und auch die USA an. Es gehe darum, im Konfliktfall die Wirtschafts-, Finanz- und Kommunikationskapazitäten des Gegners zu schwächen."
[toq 19]

Diese „elektronische Dominanz" könnte notwendig sein, um den beispiellosen wirtschaftlichen Aufschwung Chinas auf virtuellem Weg abzusichern. Alleine der Verbrauch von Öl hat sich in der Volksrepublik von 1994 – 2003 nahezu verdoppelt. *(Hieber in Piazolo, S.137)* Die Anzahl an Soldaten, U-Booten und Fregatten übertrifft die aller anderen Länder der Welt. *(Hieber in Piazolo, S. 126)* Eine virtuelle Aufrüstung könnte die logische Konsequenz einer neuen Art von Kriegsführung werden, die althergebrachte Taktiken ergänzt oder gar ersetzt.

5.2.3 Einblick in die deutsche Situation

Das Problem wird inzwischen auch in der Bundesrepublik ernst genommen. So sind im Bundeshaushalt des Jahres 2007 alleine 70 Millionen Euro für die IT-Sicherheit der Bundesbehörden veranschlagt worden. [toq 18] Doch auch dieser hohe finanzielle Aufwand bot keine absolute Sicherheit. Alleine in der 2. Hälfte des Jahres 2007 wurden zahlreiche Fälle von technisch-virtueller Gewaltausübung auf nationalstaatlicher Ebene bekannt.

Dem finanziellen Aufwand steht eine hohe Anzahl virtueller Gewaltakte gegenüber. Auf der Herbsttagung 2007 des Bundeskriminalamtes wurden die Jahreszahlen zur Computerkriminalität im Jahr 2006 bekannt gegeben. Dem

Bericht zufolge sind die Straftaten in diesem Bereich stark angestiegen:

*„165.720 Straftaten wurden 2006 in Deutschland begangen, bei denen das "Tatmittel Internet"
benutzt wurde. Verglichen mit den Zahlen des Vorjahres nahm die "Fälschung beweiserheblicher
Daten und Täuschung im Rechtsverkehr bei der Datenverarbeitung" um satte 143,1 Prozent zu.
3500 Phishing-Fälle wurden aufgedeckt, mit Schadenssummen von jeweils 2000 bis 3000 Euro."*
[toq 38]

Auch die Bundesverwaltung sah sich im Herbst 2007 Angriffen aus unbekannter
Quelle ausgesetzt:

„Die Bundesverwaltung ist kontinuierlich massiven und hoch professionellen Angriffen aus dem
Internet ausgesetzt [..] Der davon verursachte Kommunikationsverkehr übertreffe seit Langem
den regulären Datenfluss. Zur Abwehr und zur Aufrechterhaltung des Behördenbetriebs gehöre
"zwingend" etwa die Vorhaltung der IP-Adressen, um Angriffsmuster zu erkennen und
Gegenmaßnahmen einleiten zu können." *[toq 24]*

Einem ähnlichen Problem stand auch die Bundesregierung im Sommer 2007
gegenüber:

*„[..] Chinesische Militärexperten [..] sollen versucht haben, Regierungsrechner in Deutschland,
USA und Großbritannien anzuzapfen."* *[toq 18]*

Auf Computern mehrerer Bundesministerien und des Bundeskanzleramtes seien
Spionageprogramme entdeckt worden.

*„Die Trojanerprogramme, die das unbemerkte Ausspähen von Computern ermöglichen, wurden
demnach schon vor Monaten entdeckt. Seitdem hätten Experten der Bundesregierung den
Abfluss von rund 160 Gigabyte an Daten verhindert."* *[toq 11]*

Ein Trojanerprogramm, das auf einem PC installiert wurde bleibt für den unbedarften Benutzer unsichtbar und läuft im Hintergrund mit. Der Urheber des Schadprogrammes kann nach der Installation Daten aus dem Rechner auslesen, sie verändern oder in Echtzeit nachverfolgen, was das Opfer gerade auf dem Zielrechner tut.

Besonders bei der Verbreitung von technischen Gewaltträgern wie Trojanerprogrammen und Viren kommt erneut die Multiplizierbarkeit und Automatisierbarkeit von Gewaltakten im virtuellen Raum zum tragen. Um ein solches Schadprogramm auf einem Zielrechner zu platzierten, bedarf es einer Sicherheitslücke im System. Ist eine solche Lücke auf *einem* System identifiziert worden, kann automatisiert und ohne zusätzlichen Ressourcenaufwand nach *weiteren*, gleichartigen Systemen gesucht werden, welche dieselbe Schwachstelle aufweisen. Wird diese Suchintelligenz einem Schadprogramm mitgegeben, so kann es sogar selbstständig, unabhängig vom eigentlichen Urheber, nach weiteren Zielen suchen. Dadurch ist es möglich, dass der selbstmultiplizierende Gewaltakt so lange weiter im System fortbesteht, wie dieses existent ist – selbst wenn der Urheber bereits verstorben ist oder keinen Zugang mehr zu dem virtuellen Raum hat.

Der CDU-Politiker Ruprecht Polenz forderte nach den Angriffen auf deutsche Regierungsrechner sogar eine internationale Ächtung ähnlicher Vorfälle:

"Die Bundesregierung darf das nicht als Kavaliersdelikt abtun . Wir brauchen Sicherheiten, dass sich solche Angriffe nicht wiederholen. Spionage auf ausländischen Regierungsrechnern entspreche nicht den westlichen Rechtsnormen und müsse international geächtet werden." [toq 12]

Und auch der Verfassungsschutz betonte in einem Bericht aus dem Herbst des Jahres 2007 die Attraktivität Deutschlands für ausländische virtuelle Gewaltakte:

„Ausländische Dienste versuchen [..] schon seit vielen Jahren, in Deutschland sensible Informationen aus Politik, Wirtschaft und Militär zu beschaffen. Die Bundesrepublik sei aufgrund ihrer geopolitischen Lage, ihrer Rolle in der Europäischer Union (EU) und NATO sowie als Standort von Spitzentechnologie ein bedeutendes "Aufklärungsziel" für fremde Staaten, heißt es darin. Der Verfassungsschutzbericht 2006 verweist insbesondere auf Russland und Weißrussland sowie China, Nordkorea und einige Länder des Nahen und Mittleren Ostens." [toq 14]

Durch die wachsende Vernetzung in Richtung des steinmüllerschen „Allnet" und die gleichzeitig wachsende Komplexität und Leistungsfähigkeit des technischen Unterbaus, wächst die Verletzungsoffenhelt von Benutzern virtueller Räume ständig.

5.2.4 Technisch-virtuelle Verletzungsoffenheit

Die unüberschaubare Flut von immer komplexeren und gleichzeitig rechentechnisch leistungsfähigeren Teilen und Subsystemen des technischen Unterbaus virtueller Räume macht Risiken immer unkalkulierbarer.

Ein einzelner Fehler kann schnell katastrophale Folgen mit sich bringen. So wurde im November 2007 eine neue Sicherheitslücke im weltweit verbreitetsten Betriebssystem Microsoft Windows entdeckt, die bereits seit 5 Jahren unberichtigt im System vorhanden war.

„Die Schwachstelle soll so schwerwiegend sein, dass ein Angreifer mit nur einer einzigen Attacke Millionen Rechner unter seiner Kontrolle bringen könnte.[..] In der Folge könnten die Systeme zum Versand von Spam oder Viren missbraucht werden. Auch der Diebstahl von Daten, Passwörtern und anderen vertraulichen Informationen soll möglich sein, heißt es. „ [woq 40]

Doch leider handelt es sich keinesfalls um einzelne Fehler oder immer schnell zu behebende Probleme. Der Onlinedienst „Securityfocus" [woq 7] ist der größte Dienstanbieter im Internet für die Dokumentation von Sicherheitsproblemen in Softwareprogrammen. Bei dem Dienst können neue Sicherheitslücken gemeldet werden. Diese werden dort auf tatsächliche Gefährdung überprüft und dokumentiert. Alleine im November 2007 wurden der Datenbank über 700 neue Datensätze über mögliche Gefährdungen hinzugefügt. Dies sind wohlgemerkt nur die in diesem Monat neu entdeckten Probleme. Seit ihrem Start im Jahre 1993 wurden dort über 24.000 Schwachstellen festgehalten.

Nicht alle diese Probleme sind kritischster Natur wie die zuvor angesprochene Schwachstelle. Dennoch dokumentiert die nicht zu bewältigende Anzahl von

Fehlern eindrucksvoll die Verletzungsoffenheit des technischen Unterbaus virtueller Räume und damit auch die seiner Benutzer.

5.2.5 Konsequenzen für Benutzer virtueller Räume

Natürlich sind nicht nur nationalstaatliche Infrastrukturen und Militärapparate von dieser Verletzungsoffenheit betroffen. Jeder einzelne Besucher eines virtuellen Raumes ist ständig in Gefahr, Opfer eines virtuellen Gewaltaktes zu werden. Für den privaten Nutzer virtueller Räume hat sich eine ganze Industrie entwickelt, die virtuelle Sicherheit verspricht. Hersteller von Programmen zur Bekämpfung oder Vermeidung technischer virtueller Gewaltakte können große wirtschaftliche Erfolge verbuchen. So verzeichnete Symantec, der größte Anbieter von Softwaresicherheitslösungen für Endverbraucher im Geschäftsjahr 2006 einen Umsatz von 4,14 Milliarden US$ *[woq8]*. Symantec prognostizierte bereits im November 2007 eine massive Angriffswelle auf das dieses Jahr neu erschienene Betriebssystem Windows Vista von Microsoft, das nach Angaben des Hersteller besonders sicher sein soll. *[toq 35]*

Jede Aktion in virtuellen Räumen kann, in den meisten Fällen vom Benutzer unbemerkt, einen Schaden mit sich bringen. Die beliebte „Social Networking" Webseite „MySpace" wurde im Oktober 2007 Opfer einer virtuellen Gewaltaktion:

„Unbekannte Hacker manipulieren die Profilseiten von bekannten und unbekannten Bands, um so ihre Malware zu verbreiten. Über eine nicht bekannte Sicherheitslücke wird ein unsichtbares Hintergrundbild in die Website eingefügt. Sobald ein Besucher neben ein Steuerelement klickt,

wird er auf die inzwischen nicht mehr erreichbare Website http://co8vd.cn/s weitergeleitet.
Dort wird der ahnungsloser Nutzer darauf hingewiesen, dass ihm ein Codec für die Wiedergabe
der ausgewählten Inhalte fehlt. Stimmt er zu, diesen nachzuinstallieren, wird ein Malware-
Installer ausgeführt." [toq 28]

Da private Zugangsgeräte zu virtuellen Räumen in der Regel viel schlechter gegen technische virtuelle Gewaltakte geschützt sind, als die Pendants bei großen Institutionen, sind sie ein beliebtes und auch einfach zu treffendes Ziel. In dieser Zielgruppe ist häufig auch kein Expertenwissen über den technischen Unterbau des virtuellen Raumes vorhanden. Dies verstärkt die Hilflosigkeit zusätzlich.

Grundsätzlich sind dem Einfallsreichtum keine Grenzen gesetzt. Neue Formen technisch-virtueller Gewaltausübung werden ständig entwickelt, andere werden verfeinert. Ein besonders außergewöhnliches Beispiel ist das einer virtuell-technischen Erpressung oder auch einer „Daten-Entführung". Hier begann ein Schadprogramm die Daten auf dem Endgerät des Opfer so zu verschlüsseln, dass sie ohne einen bestimmten Code nicht mehr lesbar waren. Die Opfer erhielten daraufhin folgende Nachricht mit einer Forderung nach Lösegeld:

„Hello, your files are encrypted with RSA-4096 algorithm (http://en.wikipedia.org/wiki/RSA).

You will need at least few years to decrypt these files without our software. All your private
information for last 3 months were collected and sent to us. To decrypt your files you need to
buy our software. The price is $300. To buy our software please contact us at:
xxxxxxx@xxxxx.com and provide us your personal code -xxxxxxxxx. After successful purchase
we will send your decrypting tool, and your private information will be deleted from our system.
If you will not contact us until 07/15/2007 your private information will be shared and you will lost
all your data." [toq 6]

Eine andere Art eines elektronischen Diebstahles, die sogar zu einer Verhaftung führte, fand im Herbst 2007 in den Niederlanden statt. Der Täter habe in der virtuellen Welt „Habbo-Hotel", einem System in dem man sich mit einem virtuellen Alter-Ego ein eigenes Zimmer möblieren kann, virtuelle Einrichtungsgegenstände anderer Benutzer gestohlen:

„Ein paar holländische Teenies haben offenbar einen anderen Weg gewählt: Sie haben – so lautet der Vorwurf – ihre Möbel einfach aus anderen Zimmern geklaut. Dazu soll sich der 17-jährige Rädelsführer mit Phishing-Methoden Zugang zu anderen Habbo-Accounts verschafft haben und die Möbel der nichtsahnenden Besitzer einfach in die Zimmer seiner Komplizen getragen haben. In der vergangenen Woche wurde der Teenager vorübergehend verhaftet und von der Polizei vernommen. Der Tatvorwurf: Diebstahl. Den Schaden gibt Sulake mit 4000 Euro an." [toq 34]

Diese Beispiele sind lediglich exemplarisch. Der technische Unterbau virtueller Räume ist überall angreifbar, kleine und große Schadenswirkungen für die reale Welt können potentiell an jedem Subsystem virtueller Räume auf technischem Weg provoziert werden.

5.2.6 Privilegien durch technische Kompetenz am Beispiel von Botnetzen

Der technische Unterbau macht den technisch privilegierten und medienkompetenten Urheber technischer virtueller Gewalt in einem überproportionalen Maße verletzungsmächtig. Da sich Benutzer virtueller Räume mit hohem technischen Verständnis auch besser gegen fremde Gewaltakte wehren können, ist ihre Verletzungsoffenheit zusätzlich noch geringer.

Privilegierte Benutzer nehmen also eine elitäre Stellung in virtuellen Räumen ein. Eine der größten technikbasierten Bedrohungen im heutigen Internet stellen die so genannten „Botnetze" dar. An ihnen können sehr anschaulich spezielle Eigenschaften virtueller Gewaltausübung demonstriert werden.

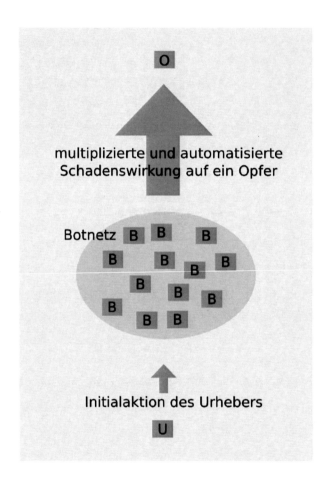

Abbildung 2: Schema eines Botnetzes

Ein „Botnetz" oder Roboternetzwerk, ist eine vernetzte Sammlung von Schadprogrammen auf verschiedenen Endgeräten des virtuellen Raumes. Wie bei einem Computervirus werden zunächst einige wenige, danach aber immer mehr Endgeräte mit dem Schadprogramm infiziert. Alle infizierten Rechner gemeinsam kommunizieren untereinander und sind durch den Urheber des ursprünglichen Schadprogrammes steuerbar. Durch die große Anzahl betroffener Maschinen ergibt sich für den Urheber eine große Verletzungsmächtigkeit, obwohl er nur minimale Ressourcen aufbringen musste um das Netzwerk anzulegen, da das Schadenspotential aller Mitglieder des Botnetzes gebündelt gegen ein Opfer gerichtet werden kann. Die modifizierten Endgeräte des Botnetzes können zum Beispiel gemeinsam und koordiniert sinnlose Anfragen an ein Ziel schicken um dieses zu überlasten (DDoS – Distributed Denial of Service, übersetzt in etwa „Verteilte Unterbindung von Dienstbereitschaft) und zu stören. Der Urheber der Gewaltaktion könnte auch die Daten auf allen befallenen Rechner löschen oder sie für kommerzielle Zwecke, wie zum Beispiel für den Versand von Werbenachrichten missbrauchen.

Die Effektivität der Gewalt hängt nicht zwingend von der Zahl ihrer Urheber ab. *„Ein Mann mit einem Maschinengewehr kann Hunderte gut organisierter Menschen in Schach halten." (Ahrendt, S. 67)* Dass virtuell in anderen Dimensionen gedacht werden muss, zeigt ein aktuelles Beispiel. Im November 2007 wurde der Urheber eines Botnetzes in Neuseeland von der Polizei gefasst, der als privilegiertes Individuum eine bisher nicht gekannte Verletzungsmächtigkeit durch ein selbstmultiplizierendes Botnetz aufbauen konnte:

„Ein 18 Jahre alter Mann aus Neuseeland soll im Internet einen Trojaner verbreitet haben, der weltweit rund 1,3 Millionen Computer infiziert haben soll. [..] Die betroffenen Rechner bildeten ein riesiges Botnet. Dabei handelt es sich um einen Verbund von Rechnern, die zentral gesteuert werden können, um beispielsweise Spam-Mails zu versenden oder DDoS-Attacken durchzuführen. Die Kontrolle über das Botnet hatte der 18-Jährige aus Neuseeland, der sich

selbst "AKILL" nannte. Zusammen mit einigen Bekannten bildete er das "A-Team" und griff mit seinen infizierten Rechnern zahlreiche Server an, hauptsächlich die Rechner von Sicherheitsunternehmen und Internet Relay Chats (IRC). Der Schaden wird derzeit auf 13,5 Millionen Euro geschätzt." [toq 44]

Ein anderer Botnetzbetreiber benutzte 2007 sein Schadnetz um wirtschaftlichen Gewinn verbuchen zu können. Er sammelte mit seinen automatisierten und multiplizierten Schadprogrammen die Online-Banking-Daten seiner Opfer.

„An American computer security consultant [..] admitted to using massive botnets to illegally install software on at least 250,000 machines and steal the online banking identities of Windows users by eavesdropping on them while they made financial transactions." [toq 36]

Sähe man Botnetze und andere Hilfsmittel zur virtuellen Gewaltausübung als „virtuelle Waffen" an, die nur das virtuelle Pendant eines Gewehres oder einer anderen Waffe aus der realen Welt wären, so würden auch sie zu der popitzschen „Konsequenz der herstellenden Intelligenz des Menschen" *(Popitz, S.72)* gehören, nach der jedes technische Handeln, also das Herstellen von Artefakten die Verletzungsmächtigkeit des Menschen erhöht.

Dass durch technische virtuelle Gewaltausübung ganze Telekommunikationsinfrastrukturen bedroht sein können zeigt ein weiteres Beispiel aus dem Jahr 2007. Ein unbekannter Urheber attackierte die Server des größten schweizer Telekommunkationsanbieters Swisscom so stark und dauerhaft, dass diese ihren Dienst für einige Stunden einstellen mussten.

„Eine DDoS-Attacke soll am gestrigen Mittwochabend die Ursache für erhebliche Störungen im Netz der Swisscom gewesen sein, in deren Folge es in der ganzen Schweiz Performance-Schwierigkeiten bei dem Service IP+ gab. Die DDoS-Attacke, die sich laut Swisscom nicht gegen

den Provider selbst richtete, sondern nur über die Infrastruktur als Transitverkehr lief, begann um

17:15 Uhr und hielt bis 23:25 Uhr an. Betroffen waren nach Angaben von Swisscom rund 3500

IP+-Kunden, darunter der Swisscom-eigene Internetprovider Bluewin und der Verlag Tamedia,

der unter anderem den Tages-Anzeiger und dessen Online-Version herausgibt." [toq 37]

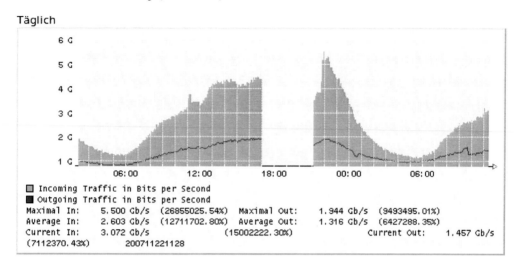

Abbildung 3: Zusammenbruch der Swisscom-Verbindung von der Schweiz in die
Bundesrepublik

Eine Studie der Universität Mannheim versuchte das Phänomen der Botnetze
technisch zu untersuchen um einen Überblick über die tatsächliche
Gefährdungslage zu gewinnen. Dabei wurden Rechner in China auf ihre
Zugehörigkeit zu Botnetzen überprüft.

„Mit mehreren selbst geschriebenen Tools sei es gelungen, die Aktivität von knapp 3300

Botnetzen zu untersuchen, die über IRC-Server ihre Befehle entgegennehmen." [toq 46]

Ebenfalls im Jahr 2007 warnte ENISA, die European Network Information and
Security Agency vor einem starken Ansteigen der Anzahl der weltweiten
Botnetze und den daraus entstehenden Konsequenzen für die IT-Sicherheit.
So prognostiziert ENISA besonders die Gefahr der Ausbreitung der Botnetze auf
weitere virtuelle Räume, wie zum Beispiel die weltweiten Telefonnetzwerke.

*„Angesichts der Anpassungsfähigkeit der Botnetz-Betreiber befürchtet die ENISA, dass bald
neben klassischen PCs auch mobile Geräte manipuliert und als Ausgangspunkt für verschiedene
Angriffe, etwa DDOS-Attacken, missbraucht werden."* [toq 41]

Technische Schäden die über virtuelle Räume ausgeübt werden können minimal
und verschmerzbar sein. Sie können jedoch auch katastrophal und bedrohlich
sein, da sie die grundlegenden Infrastrukturen moderner Gesellschaften
entscheidend stören und sogar zerstören können.

Zunächst direkt gegen das technische System gerichtete Gewalt schadet indirekt
auch immer den Benutzern des Systems – da benötigte Dienste, die über einen
virtuellen Raum gesteuert wurden nicht mehr verfügbar sind, für die reale Welt
wichtige Informationen zerstört wurden oder weil Ressourcen aufgebracht
werden müssen um den Schaden zu beheben.

Ihre Wirkung endet immer, wie bei jeder anderen Form virtueller Gewalt in der
real-stofflichen Welt und schadet Individuen oder Gruppen. Der technische
Unterbau macht Individuen und Gruppen, die in der realen Welt nicht mit großen
Ressourcen ausgestattet sind oder körperlich schwach sind, dennoch virtuell
verletzungsmächtig, wenn Kompetenzprivilegien erlangt werden.

Abschließend für dieses Kapitel soll deshalb noch ein Wort von Werner Rammert seinen Platz finden, der 1998 einen schärferen Blick auf die veränderten technischen Rahmenbedingungen moderner Gesellschaften forderte:

„Wer angesichts dieser Verflechtung von physikalischen Sachen, symbolischen Zeichensystemen und trainierten Mannschaften Technik immer noch mit den verstaubten Vorstellungen von instrumentellem Handeln und mechanischer Maschinerie zu fassen sucht, wird dem neuen heterogenen, hybriden und fluiden Charakter des Technischen, wie er vor allem mit der Cyber- und der Biotechnologie gefördert wird, nicht mehr gerecht werden können.“
(Rammert 1998, S. 20)

5.3 Virtuelle Gewaltausübung, die Freiheiten oder Grundrechte beschränkt

5.3.1 Überblick

Diese Form virtueller Gewaltausübung kann dauerhaft nur von dem betreffendem System gegenüber privilegierten Gruppen oder Individuen ausgeübt werden, da sie die Rahmenbedingungen für die Benutzer virtueller Räume bindend verändert und reguliert. Dies ist dauerhaft nur auf legalem Weg möglich, also wenn der Urheber der Gewalt dazu berechtigt ist, ohne Sanktionen auf das technische System einzuwirken. Beispiele für Ausprägungen dieser Gewaltform sind Zensur, Zugangsbeschränkungen, Datenerfassung und Abhörmaßnahmen aber auch die gezielte, sanktionsfreie Manipulation von Informationen. Diese Gewaltakte können in Subsystemen, wie zum Beispiel in einem einzelnen Informationssystem ausgeübt werden. In etwa durch Administrationsrechte für privilegierte Benutzer. Sie können allerdings auch auf den Unterbau eines gesamten virtuellen Raumes wirken und so umfassend alle seine Benutzer betreffen.

Diese regulierende Form der virtuellen Gewaltausübung kann dazu genutzt werden, möglichen Schaden einzugrenzen, zum Beispiel durch das Verhindern von virtuellem Vandalismus oder anderer Formen virtueller Gewalt. Sie kann jedoch auch als Mittel der Machtausübung genutzt oder missbraucht werden, welche die Benutzer ihrer Freiheits- und Grundrechte im virtuellen Raum beraubt und sie über die Grenzen des virtuellen Raumes heraus im realen Raum kontrolliert und einschränkt.

Da auch „legitime" Gewalt immer ein Mißbrauchspotential mit sich bringt muss sie hinterfragbar bleiben, auch in ihrer virtuellen Ausprägung:

„Gewalt im Dienst der Ordnung schafft eine Möglichkeit, die Gewalt selbst in eine felix violentia, die gleich der felix culpa eine gewaltfreie Ordnung herbeiführt und daraus ihre Rechtfertigung bezieht. Diese Einordnung der Gewalt in ein Geschehen, das über sie hinauszielt, führt zu den bekannten Scheidungen in gerechte und ungerechte Kriege [..], in progressive und regressive Gewalt; diese Unterscheidungen bilden selbst eine Quelle von Gewalt, da sie die Gewaltschwelle senken." (Waldenfels in Dabag, S. 22)

Besonders das Internet, als der prominenteste Vertreter virtueller Räume verliert in den letzten Jahren seinen anarchischen Charakter. Angst vor den Möglichkeiten virtueller Gewalttäter und Anspruch auf das riesige Machtpotential, das die Kontrolle des Netzes bietet, begünstigt freiheits- und grundrechtseinschränkende Gewaltaktionen.

Ein weltweiter Trend zu einer stärkeren nationalstaatlichen Kontrolle virtueller Räume ist derzeit zu beobachten. Besonders seit den terroristischen Anschlägen vom 11. September 2001 in New York wurden zahlreiche Bestrebungen umgesetzt virtuelle Räume stärker zu kontrollieren und zu reglementieren.
In den USA wurde ein Programm zur „Total Information Awarness" gegründet, das zum Ziel hat so viele Informationen wie möglich in realer und virtueller Welt zu sammeln und zentral zu verarbeiten:

„Internet-Aktivitäten, Käufe mit Kreditkarten, Flugbuchungen und Angaben über gemietete Autos und Verschreibungen von Medikamenten, Schulzeugnisse und Führerscheine, Rechnungen der Stadtwerke, Steuerbescheide... Der gerade in den USA hochgehaltene Schutz der Privatsphäre galt angesichts einer mutmaßlichen Bedrohung durch Terroristen mit einem Mal als zweitranging." (Steinmüller, S.247)

Als Schlagworte für die bundesrepublikanische Situation seien der „große Lauschangriff", die Vorratsspeicherung von Telekommunikations- und Internetdaten und als jüngstes Beispiel der so genannte „Bundestrojaner" genannt. Dieser solle auf Benutzerrechnern eingeschleust werden, um die Benutzer der Endgeräte zu überwachen. Seine Funktionsweise entspräche dann in etwa den Trojanerprogrammen, die bereits im Abschnitt der technisch-virtuellen Gewaltausübung genannt worden sind. Dieser staatliche Eingriff in privateste Lebensbereiche, denn inzwischen befindet sich ein großer Teil privater Informationen auf Endgeräten zu virtuellen Räumen, wird häufig damit begründet, dass man ohne diese Maßnahmen der gestiegenen terroristischen Bedrohung und professioneller Kriminalität nicht mehr Herr werden könne, da sich diese immer mehr in virtuelle Räume verlagere.

Diese Form virtueller Gewalt beschränkt die Freiheiten von Benutzern auf technischem Weg oder kontrolliert sie. Sie bietet ein Instrument um andere Formen virtueller Gewalt einzuschränken, sie hat jedoch auch ein großes Mißbrauchspotential inne.

5.3.2 Aufweichung des Telekommunikationsgeheimnisses

Da das Telekommunikationsgeheimnis nach wie vor, wenn auch mit erheblichen Einschränkungen, im Grundgesetz verankert ist, regt sich gegen die aktuellen Pläne Kritik. Selbst der europäischen Union gehen die von Innenminister Schäuble im Jahr 2007 geforderten Einschränkungen zu weit:

„Datenschützer haben heimliche Online-Durchsuchungen vor der Beratung der umstrittenen Maßnahme durch Sicherheitspolitiker der großen Koalition am heutigen Freitag als nicht konform mit dem Grundgesetz und technisch kaum durchführbar kritisiert. Zugleich sorgt auch die eingeschränkte Fassung des Richtervorbehalts in den Plänen von Bundesinnenminister Wolfgang Schäuble (CDU) für neuen Wirbel. Spiros Simitis, der Nestor der EU-Datenschutzgesetzgebung, hält die entsprechende Passage im Entwurf für die Novelle des Gesetzes für das Bundeskriminalamt_für unvereinbar mit den verfassungsrechtlichen Vorgaben." [toq 16]

Besorgnisse in Bezug auf die Gewaltenteilung zwischen Geheimdiensten und der Polizei aufgrund der Einführung des „Bundestrojaners" äußerten jüngst die Oppositionsparteien:

„Die Liberalen stemmen sich derweil weiter gegen einen neuen "Schritt in den Überwachungsstaat". Schäubles Pläne schössen "weit über das Ziel hinaus", bemängelte der innenpolitische Sprecher der FDP-Bundestagsfraktion, Max Stadler, im ZDF-Morgenmagazin. "Hier soll eine Super-Geheimpolizei geschaffen werden, die sich einer Kontrollmöglichkeit zu großen Teilen entzieht", sorgt sich auch sein Kollege der Linken, Jan Korte. Die Gesetzesnovelle leite aus seiner Sicht eine Zeitenwende ein, in der das grundgesetzlich abgesicherte Trennungsgebot zwischen Polizei und Geheimdiensten faktisch aufgehoben sei." [toq 16]

Das Problem virtueller Gewalt ist existent und bedrohlich, dennoch ist es fraglich, ob solch eine umfassende Überwachung, die automatisiert in die privatesten Lebensbereiche eindringt, nicht den Chancenreichtum, der virtuellen Räume zerstören und den orwellschen „gläsernen Menschen" schaffen könnte. Extreme Verschiebungen des staatlichen Gleichgewichts zu Gunsten der Exekutive könnten auch die demokratische Grundordnung bedrohen.

Die Essenz des §10GG, „*(1) Das Briefgeheimnis sowie das Post- und Fernmeldegeheimnis sind unverletzlich.*", wird inzwischen auf ihre Auslegung hin diskutiert, um dazu in der Lage zu sein größere, die Freiheit einschränkende virtuelle Gewalt ausüben zu können. Auf eine Anfrage der FDP-Fraktion, die klären sollte, was im virtuellen Raum genau als Telekommunikationsvorgang gelten solle und was nicht, antworte die Bundesregierung:

„Nach Ansicht der Regierung beginne "der Schutzbereich des Artikels 10" Grundgesetz erst dann, wenn der Übermittlungsvorgang unumkehrbar eingeleitet" ist. Mit anderen Worten: Erst wenn die Daten abgeschickt wurden, fallen sie unter das Brief- und Fernmeldegeheimnis. Werden sie jedoch vor dem Verschlüsseln und Verschicken abgefangen, handelt es sich nicht um schützenswerte "Telekommunikationsinhalte". Diese Auffassung hatte die Bundesregierung bereits im November 2007 in der Antwort auf eine Kleine Anfrage der FDP zu "Rechtsstaatlichen Problemen bei der Überwachung der Telekommunikation über das Internet" vertreten." [toq 47]

Ein auf einem Endgerät platzierter „Trojaner" würde also nach dieser Auslegung des Grundgesetzes verfassungskonform sein.

Kritische Stimmen gegen die Einführung des „Bundestrojaners" waren auf der Herbstkonferenz der deutschen Innenminister des Jahres 2007 von dem Bremer Regierungschef Jens Böhnsen zu hören:

„Der Kernbereich der privaten Lebensgestaltung müsse gemäß den Vorgaben des Bundesverfassungsgerichts "absolut tabu" bleiben, erklärte der SPD-Politiker laut dpa. Ein flächendeckendes Ausspähen ohne konkrete Anhaltspunkte richte gesellschaftspolitisch

"enormen Flurschaden" an: "Wir müssen ein größeres Gespür dafür vermitteln, dass man die Demokratie auch zu Tode schützen kann." Es gebe genügend Instrumente im Strafprozessrecht, um die Bedrohungen für die innere Sicherheit auch im Internet abzuwenden. Die Polizei dürfe nicht als "staatlicher Hacker" agieren." [woq 48]

Eine gegenteilige Meinung vertritt Jörg Zierke, der derzeitige Präsident des Bundeskrimninalamtes:

„Jörg Ziercke, Präsident des Bundeskriminalamtes (BKA), hält weiterhin die heimliche Online-Durchsuchung von Computern für ein unverzichtbares polizeiliches Instrument. Gegenüber der Mitteldeutschen Zeitung erklärte Ziercke, dass die Polizei online auf die Festplatten gelangen müsse, weil sie nur so an die dort abgespeicherten, in der Regel verschlüsselten Informationen kommen könne. "Verschlüsselung darf nicht vor Strafverfolgung schützen und wirksame Gefahrenabwehr unmöglich machen", betonte Ziercke." [toq 25]

Die äußerst kontrovers geführte Diskussion macht deutlich, dass große Sorge vor virtuellen Gewaltakten besteht und dass das Machtpotential, das die Kontrolle über virtuelle Räume und ihre Benutzer bietet ausgebaut werden soll. Ob dafür tatsächlich Jahrzehnte lang bewährte Verfassungsgrundsätze aufgegeben werden sollen ist fragwürdig.

Die mehr Kompetenzen im virtuellen Raum wünschende Exekutive findet für die Pläne beschwichtigende Worte:

„LKA-Chef Kolmey dementierte energisch, dass die Online-Durchsuchung zur Totalüberwachung führen kann: "BKA-Chef Ziercke hat davon gesprochen, dass 99,99 Prozent der Bevölkerung nicht von der Maßnahme betroffen sind. Ich würde weitergehen und sogar noch 'ne 9 hinten dranhängen. Die Maßnahme ist sehr aufwendig." [toq 26a]

Das reine „Informationsverbrechen", als eine Straftat die nur in virtuellen Räumen begangen wurde könnte in naher Zukunft etabliert werden. Ein Prozess gegen einen mutmaßlichen „Cyber-Terroristen" begann im Juli dieses Jahres in der BRD. Dem Mann wird vorgeworfen Gewaltakte rein virtuell vorbereitet zu haben und Verbindung zu terroristischen Vereinigungen zu unterhalten.

„Am Mittwoch begann vor dem Oberlandesgericht in Schleswig der Prozess geben einen Marokkaner. Die Anklage der Bundesanwaltschaft lautet auf "Unterstützung" der al-Qaida und Gründung einer terroristischen Vereinigung. Für Oberstaatsanwalt Matthias Krauß hat das Verfahren "Pilotcharakter". Redouane El-H. soll nämlich fast alles, was ihm vorgeworfen wird, im Internet begangen haben. Bei dem Prozess soll nicht nur eine halbe Million Dateien von der bei einer nicht-virtuellen Hausdurchsuchung beschlagnahmten Festplatte des Angeklagten als potentielles Beweismaterial dienen, sondern auch zahlreiche Chat-Protokolle, die aus der Überwachung seines Internetanschlusses stammen. Außerdem seine mitgeschnittenen VoIP-Telefonate." [toq 9]

5.3.3 Schwerwiegende Einschnitte in virtuelle Freiheit

Die Beschränkung virtueller Freiheit geschieht bereits heute außerhalb der Bundesrepublik in viel größerem Maße. So werden teilweise komplette Staaten vom restlichen Internet abgetrennt oder der Zugang zu ausländischen Informationen kann nur noch gefiltert stattfinden. Im November 2007 konnten Burmesen keine ausländischen Webseiten mehr erreichen:

„Seit gestern ist der Internetzugang in Burma (Myanmar) einem Agenturbericht der AFP zufolge deutlich eingeschränkt, internationale Webseiten sollen nicht mehr erreichbar sein. [..]
Die Internetkommunikation mit Ländern außerhalb Burmas war schon einmal unterbrochen

worden, als Anfang Oktober die Proteste gegen die Militärregierung große Ausmaße angenommen hatten und international sehr beachtet wurden. Damals hatte die staatliche Telekommunikationsgesellschaft behauptet, es habe einen Bruch eines unterseeischen Kabels gegeben, der für die Störung verantwortlich sei. Das aber konnte nicht bestätigt werden. Das Internet spielte eine wesentliche Rolle bei der Verbreitung von Bildern und Nachrichten, die über die Protestbewegung und das harte Vorgehen der Regierung gegen Demonstranten informierten." [toq 21]

Eine noch stärkere Form die Freiheit einschränkender virtueller Gewalt übt die chinesische Regierung gegen ihre Bürger aus. In China wird der gesamte Netzwerkverkehr gefiltert, kontrolliert und zensiert. Zur Erreichung dieser Ziele existieren nur für diesen Zweck geschaffene staatliche Institutionen:

„Dem Bericht Journey to the heart of Internet censorship zufolge verwenden "KP und Regierung immense finanzielle und menschliche Ressourcen darauf", die "freie Meinungsäußerung im Internet zu unterbinden". Regionale und landesweite Nachrichten-Webseiten und Blogs stünden unter redaktioneller Vormundschaft der staatlichen Propagandabehörden. Der Bericht erkläre, wie das Kontrollsystem funktioniert und führe die Hauptakteure auf. Diese seien zum Beispiel das der Regierung angegliederte "Büro für Internetpropaganda" sowie das "Büro für Information und öffentliche Meinung" und das "Internetbüro"., [toq 19a]

Freiheiten im virtuellen Raum können eingeschränkt werden, da der technische Unterbau das Errichten von Blockaden und Einschränkungen erlaubt. Wenn legal auf den technischen Unterbau eingewirkt werden kann, sind diese Änderungen für alle Benutzer bindend, nur schwer zu umgehen und dauerhaft.

Durch die fortschreitende technische Entwicklung werden immer leistungsfähigere, automatisierte und umfassendere Eingriffe möglich und im Bezug auf andere, nicht-kontrollierbare Formen virtueller Gewalt auch notwendig werden.

Eine Diskussion über Zensurmaßnahmen, die an einer sehr grundlegenden Stelle des Internet, nämlich am Domain Name System, dem System das die Adressen von Internetdiensten steuert (wie zum Beispiel „uni-duesseldorf.de") ist auch im Jahr 2007 geführt worden. Die ICANN, die „Internet Corporation For Asigned Names and Numbers", solle ihre Regelungen für die Vergabe von neuen Top-Level Domains ändern (wie z.B. .de, .com, .gov, etc.). Bestimmte Begriffe sollen nicht mehr als Top-Level Domain zugelassen werden dürfen:

„Die Möglichkeit, künftige neue Top Level Domains (TLDs) wegen des Verstoßes gegen "die Moral und öffentliche Ordnung" abzulehnen, erlaube, "dass die ICANN-Gemeinde und die hier versammelten Regierungen verhindern können, dass bestimmte Wörter jemals auf der obersten Stufe erscheinen könnten" [toq 3]

Freiheiten einschränkende virtuelle Gewalt kann nicht nur an der technischen Basis virtueller Räume erfolgen. Viele ihrer Ausprägungen bekämpfen lediglich andere Formen virtueller Gewalt. So ist jede Moderationstätigkeit oder Zugangsbeschränkung im Endeffekt eine Ausübung dieser Gewaltform. Der verursachte Schaden besteht dann darin, dass einem nicht privilegierten Individuum oder einer nicht privilegierten Gruppe mit der Intention Schaden zu verursachen geschadet wird, indem ihr ihre Verletzungsmächtigkeit genommen wird. Natürlich ermöglichen erweiterte Rechte gegenüber anderen Teilnehmern des virtuellen Raumes auch Willkürakte.

5.3.4 Einschränkung virtueller Freiheit in Subsystemen

Die Freiheit einschränkende Moderationsgewalten werden in so gut wie allen Subsystemen des virtuellen Raumes vergeben, in erster Linie um virtuellem Vandalismus entgegenzuwirken. Sie können aber auch gegen andere Formen der virtuellen Gewalt, wie zum Beispiel der psychisch-sozialen sinnvoll sein.

Ein Moderator kann, je nach System, eine hohe Verletzungsmächtigkeit inne haben. Er besitzt die Macht die Rahmenbedingungen für Benutzer eines Subsystems festzulegen und sie auch aus diesem auszusperren.

Eines der derzeit größten, zur persönlichen Unterhaltung genutzten, Subsysteme im virtuellen Raum ist das Online-Rollenspiel „World Of Warcraft". In diesem Spiel können Benutzer eine Rolle, in etwa die eines Magiers oder Priesters annehmen und auf mehreren großen virtuellen Spielwelt-Kontinenten gemeinsam Abenteuer bestehen.

Vivendi, der Betreiber dieser derzeit erfolgreichsten virtuellen Spielewelt im Internet erzielt Millionenumsätze mit dieser neueren Art der Unterhaltung und bedient Millionen von Kunden weltweit. Der sehr erfolgreiche Online-Dienst wäre ohne eine professionelle Moderation schnell Opfer virtuellen Vandalismuses und anderer virtueller Gewaltakte. Aktuelle Gewinn- und Nutzerzahlen zeigen deutlich die Nachfrage nach dieser virtuellen Art der Unterhaltung:

„Neben einem Anstieg der Umsätze (gegenüber dem Vorjahresquartal) um 19 Prozent auf nun 315,2 Millionen US-Dollar, gab Vivendi auch bekannt, wie viele Nutzer World of Warcraft derzeit hat. Nach Angaben des Unternehmens nutzen derzeit 9,3 Millionen Abonnenten das kostenpflichtige Online-Spiel. Innerhalb der letzten drei Jahre nahm die Zahl der Nutzer also im

Schnitt um jeweils rund drei Millionen zu. Blizzard hatte allerdings schon im Juli das Erreichen der 9-Millionen-Grenze bestätigt. Seitdem stagniert die Nutzerzahl also offenbar." [toq 23]

Ein Interview mit einem so genannten „Gamemaster", einem den normalen Benutzern gegenüber privilegierten Angestellten von Vivendi macht das Arbeitsfeld eines Moderators virtueller Räume deutlich:

„Die Gamemaster überwachen, dass kein Spieler schummelt, helfen den Usern aber auch, wenn diese Fragen oder Probleme haben. [..] Wir waren damals 50 Gamemaster, heute sind es 500. Lustig ist, dass die verschiedensten Menschen Gamemaster werden, weil alle Quereinsteiger sind. Ich erinnere mich beispielsweise an einen etwa 45-jährigen Kapitän aus Holland, der seinen Job verloren hatte. Der mochte das Spiel und hat einfach umgesattelt. [..] Mal steckt ein Spieler fest, weil er eine Klippe runtergefallen, aber nicht gestorben ist, und man muss ihn befreien. Mal gibt es Zoff in Gruppen, die gemeinsam einen Gegner erledigt haben und sich um die Beute streiten. Und manchmal passieren auch richtig ernste Dinge. Schlimm ist es, wenn ein User im Spiel seinen Selbstmord im echten Leben ankündigt. Gamemaster können alle Chats der User einsehen. Und wenn man über einen solchen Fall informiert wird, überprüft man den Spieler und seine Konversationen. Dann unterhält sich gegebenenfalls ein Teamleader mit ihm, während die Daten herausgesucht werden und die Polizei zu ihm nach Hause geschickt wird." [toq 27]

Solche professionellen Moderationen sind allerdings eher die Ausnahme als die Regel. Der überwiegende Teil von virtuellen Subsystemen wird von ehrenamtlichen privilegierten Gruppen oder Individuen moderiert.

Das Einschränken von Freiheit im virtuellen Raum durch die Freiheit begrenzenden virtuelle Gewalt ist notwendig, da ansonsten schnell entstehende anarchische Strukturen den Raum für alle Teilnehmer unnütz machen würden. Ein zu starkes Reglement jedoch bedroht die offene Vielfalt virtueller Räume und schmälert die Chancen, die sie bieten können.

Dieses Problem sah Alan F. Westin bereits Mitte der 1980er Jahre auf die amerikanische Gesellschaft zukommen. Es lässt sich aber ohne weiteres auch auf jede andere technisierte demokratische Gesellschaften übertragen. Er sprach sich bereits damals für eine gesunde Balance von Regelement und Freiheit aus und verpflichtete sich selbst gegenüber den Ansichten Thomas Jeffersons:

„He [Thomas Jefferson] was someone who believed, that science could open up new opportunities and possibilities for the human race so that we could conquer the controls and limits of nature. On the other hand, he understood power and its abuse. He understood the potentialities of the human spirit and of individuality and freedom; he was always concerned that we limit the potential abuses of power and that we provide systems of checks and balances so that rights and liberties are not abused. For him it was not science or freedom, it was really the highest art of the American approach to try to find a way to have both." (Westin in Donnely, S.148)

Der Bewältigung dieses Kunststücks stehen wir heute in einer bisher nicht gekannten Dringlichkeit gegenüber.

5.4 Virtueller Vandalismus

5.4.1 Überblick

Virtueller Vandalismus richtet sich weder gegen das technische System, noch direkt gegen einen Benutzer sondern gegen im virtuellen Raum hinterlegte *Informationen*. Dies kann als Resultat schädigende Wirkungen auf Benutzer dieser Informationen haben, aber auch auf das technische System selbst, das durch automatisierten virtuellen Vandalismus überlastet werden kann. Virtueller Vandalismus ist das Pendant zu Vandalismus in der realen Welt. Ein virtueller Vandale kann beispielsweise Informationsangebote mit sinnlosen Informationen fluten, so dass sinnvolle Informationen untergehen, er kann Informationen gänzlich entfernen oder auch gegen andere austauschen. Virtueller Vandalismus ist Gewalt gegen gewünschte Information und schädigt dadurch indirekt den Rezipienten für den diese Information unbrauchbar gemacht wird, seine Schadenswirkung endet also, wie bei allen Formen virtueller Gewaltausübung, in der real erfahrbaren Welt und benutzt virtuelle Räume lediglich als Vehikel. Auch bei dieser Form der virtuellen Gewaltausübung bieten die Automatisierbarkeit und die Multiplizierbarkeit von Gewaltakten im virtuellen Raum besondere Möglichkeiten, die einem Vandalen, der im realen Raum agiert, nicht gegeben sind. So können Gewaltaktionen mehrere Informationsspeicher gleichzeitig betreffen und der Gewaltakt kann, einmal initiiert und technisch automatisiert, beliebig lange fortgesetzt werden. Subsysteme, die es Benutzern ermöglichen, selbst Inhalte einzufügen oder zu verändern, sind besonders von virtuellen Vandalen betroffen, da die Systeme viel verletzungsoffener sind, als solche, bei denen ein unberechtigter Zugang erst auf technischem Weg freigemacht werden müsste. Da viele Subsysteme des virtuellen Raumes zu einem Großteil aus

Inhalten bestehen, die nicht die Systembetreiber selbst, sondern dem System gegenüber anonyme Benutzer eingespeist haben, ist virtueller Vandalismus eine häufig zu beobachtende Form virtueller Gewaltausübung.

5.4.2 Virtueller Vandalismus am Beispiel der Wikipedia

Besonders deutlich wird das Phänomen in der freien Enzyklopädie Wikipedia. Der Onlinedienst hat es sich zur Aufgabe gemacht, eine freie Enzyklopädie zu erstellen. Die Enzyklopädie wird jedoch nicht von einer Redaktion betreut, sondern von ihren Benutzern selbst. Jeder kann (und soll) Inhalte hinzufügen und bestehende Fachartikel ergänzen und überarbeiten. So ist mit der Hilfe aller Benutzer inzwischen eines der größten Nachschlagewerke der Weltgeschichte entstanden. Dieses offene Prinzip beschwört virtuellen Vandalismus geradezu herauf. Wikipedia schreibt über den Vandalismus in ihr selbst:

„Vandalismus ist die gezielte Zerstörung von Seiten in der Wikipedia. Darunter fällt:

* *Komplettes Leeren von Artikeln*
* *Entfernen längerer Textabschnitte ohne Grund und Begründung*
* *Einfügen von Unsinn in Artikeln („Deine Mutter", „Hallo", „Schule ist langweilig" usw.)*
* *Absichtliches Verfälschen von Informationen*
* *In Perioden wiederkehrende Attacken (Dauervandalismus)" [woq 9]*

Als Ursachen für den virtuellen Vandalismus in ihr selbst nennt Wikipedia einerseits den groben Unfug, andererseits aber auch psychologische Ursachen:

79

„Manche Benutzer finden es einfach nur witzig, blöde Bemerkungen in einen Artikel einzufügen. Solche „pubertären Scherze" erschöpfen sich meist nach ein paar Wiederholungen, sobald der Vandale merkt, dass sein Verhalten keine große Wirkung zeigt.

Auffällig ist jedoch, dass manche Artikel besonders häufig von Vandalismus betroffen sind. Hierzu zählen vor allem Artikel, die z. B. bedrohliche Krankheiten beschreiben oder beim Leser weltanschauliche Vorstellungen, die der Persönlichkeitsstabilisierung dienen, infrage stellen. Solche Artikel können auf labile Persönlichkeiten bedrohlich wirken und Ängste erzeugen. Bei Menschen, welche die hieraus entstehende Spannung nicht ertragen können, entlädt sich diese Spannung bisweilen in aggressivem Verhalten. [..] Vandalen bleiben oft in der Anonymität, d.h. es handelt sich nicht um angemeldete Benutzer. Als offene Enzyklopädie muss Wikipedia mit Vandalismus leben. Änderungen durch (nicht-angemeldete) Nutzer sind ein wichtiger Bestandteil der Wikipedia, der Nachteil durch Verzicht auf diese Mitarbeit wiegt schwerer als der durch den Vandalismus entstehende Schaden." [woq 9]

Diesem Dilemma stehen viele virtuelle Subsysteme gegenüber. Einerseits erreicht man durch eine offene und anonyme Gestaltung eines Informationsspeichers eine viel höhere Teilnehmerzahl, als bei einem geschlossenen und stark reglementierten System. Andererseits erhöhen die Anonymität und die Offenheit solcher Systeme die Verletzungsoffenheit gegenüber virtuellen Vandalen.

Nach einem Verbot des Neuanlegens von Artikeln in der Wikipedia ist bei den Betreibern und Benutzern von Wikipedia ist eine Diskussion entbrannt, ob das System weniger stark reglementiert werden sollte. Da die Angst vor virtuellem Vandalismus groß ist, konnte man sich bisher (November 2007) noch nicht zu weiteren Schritten durchringen: *„Das Misstrauen gegen anonyme Autoren in der freien Online-Enzyklopädie Wikipedia ist größer als angenommen. Kürzlich wurde die Freischaltung nicht angemeldeter Wikipedia-Autoren zur Erstellung neuer Artikel in der englischen Wikipedia-Ausgabe angekündigt – nun wurde das Vorhaben nach erbitterten Diskussionen wieder auf Eis* *gelegt. In einer Notiz an die Wikipedia-Administratoren wird das Experiment auf unbestimmte Zeit verschoben. Die Entwickler verlangten ein einstimmigeres Votum aus der Gemeinschaft der Wikipedia-Autoren, um diesen Schritt umzusetzen. Die Einschränkung nicht-angemeldeter Nutzer war vor zwei Jahren auf Initiative von Wikipedia-Gründer Jimmy Wales eingeführt worden und sorgt seitdem immer wieder für ausgiebige Diskussionen." [toq 29]*

Die Notwendigkeit einer Gegenwehr verdeutlicht die Entstehung eines speziellen Softwareprogrammes, das speziell für die Wikipedia entwickelt wurde. Der so genannte „Vandal Fighter", also „Vandalen Bekämpfer" dokumentiert mit einer grafischen Oberfläche jede Änderung an den über 9.100.000 Millionen Artikeln (Stand November 2007) im System. „Verdächtige" Änderungen wie das Löschen kompletter Artikel oder Änderungen von bestimmten Benutzern, die bereits zuvor negativ aufgefallen sind werden optisch hervorgehoben, so dass ein Mensch die Änderungen auf virtuellen Vandalismus überprüfen kann.

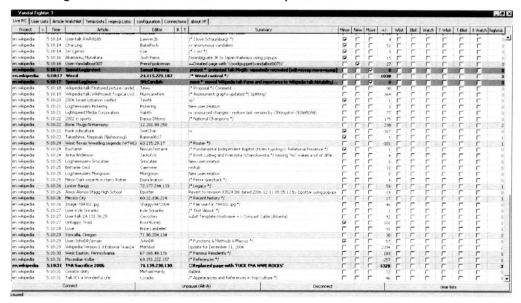

Abbildung 4: "Vandal Fighter" Bildschirmausdruck.

Alleine die immense Zahl von über 9 Millionen Artikeln macht eine manuelle Pflege des Datenbestandes ohne technische Mithilfe inzwischen unmöglich.

5.4.3 Virtueller Vandalismus in weiteren Subsystemen

Natürlich ist nicht nur dieses äußerst prominente Subsystem von virtuellem Vandalismus betroffen. Jedes System in das Inhalte eingefügt oder verändert werden können kann das potentielle Ziel eines virtuellen Vandalen sein. Dabei sind nicht-administrierte und offene Systeme beliebter als geschlossene und abgesicherte, da der Aufwand für einen Vandalen hier um einiges größer wäre. Trotzdem können diese Subsysteme natürlich auch Opfer des Gewaltaktes gegen die Information und ihre Nutznießer werden.

Virtueller Vandalismus wird häufig auch mit kommerziellen Intentionen ausgeübt. Eine beliebte Praxis ist es offene Kommentarplattformen wie Foren, Online-Tagebücher oder auch Email- und Audiopostfächer automatisiert mit Werbung zu überfluten, so dass die eigentlichen gewünschten Informationen unbrauchbar werden, da sie in der Masse der unnützen Informationen untergehen.

Der folgende Bildschirmausdruck stammt aus einem verwaisten Diskussionsforum in dem ursprünglich über technische Probleme diskutiert werden sollte. Der einzige kontextbezogene Beitrag „probleme mit einem linksys epxs3 printserver" geht in der Flut der Werbebotschaften für Online-Sex-Angebote unter:

Abbildung 5: Von Vandalismus betroffenes Forensystem

Noch stärker als Foren ist der weltweite E-Mail-Verkehr von virtuellem Vandalismus betroffen. Das Aufkommen an Spammails, also von Mails, die nicht gewünscht worden sind und Werbung oder Schadsoftware enthalten, wird aktuell auf **90 Milliarden** Nachrichten - **pro Tag** – geschätzt. *[woq 10]* Diese werden größtenteils von den zuvor vorgestellten „Botnetzen" automatisiert versandt.

83

Schätzungen zufolge sind 80 - 85% aller weltweit versandten E-Mails inzwischen Spam. Um an die E-Mail Adressen der Opfer zu gelangen, wird wiederum automatisiert das gesamte Internet nach E-Mail-Adressen durchsucht. *[woq 10]*

Dass dieser selbstmultiplizierenden und automatisierten Massenversendung nicht mehr mit manuellen Mitteln entgegengewirkt werden kann liegt auf der Hand.

★	Betreff		Absender	△	Datum
	*** DRECK *** RE: СЛУЖБА БРОНИРОВАНИЯ ГОСТИН...		Пигаренко		05.12.2007 22:14
	*** DRECK *** Fw: Оригинальные новогодние сувени...		Мозгаренко		05.12.2007 22:27
	*** DRECK *** Re: Оригинальные новогодние сувени...		Линенко		05.12.2007 22:35
	*** DRECK *** RE[7]:		Ирина		07.12.2007 22:57
	*** DRECK *** RE: Новый год в Словакии		Голощенко		05.12.2007 22:17
	*** DRECK *** Fw: Новогоднее пред.ложение..		Арсений		05.12.2007 21:45
	*** DRECK *** the report says.		zweJohnston		07.12.2007 21:22
	*** DRECK *** Ropelight		Zosel		06.12.2007 03:24
	*** DRECK *** Sie werden eingeladen		Ziems		06.12.2007 13:44
	*** DRECK *** Multicolor		Zanker		07.12.2007 13:08
	*** DRECK *** Nun gibt es 50% Rabatt solange Vorrat...		Zagorski		06.12.2007 03:23
	*** DRECK *** Make a new, better life for yourself in ...		Zachery U. Livingston		18:49
	*** DRECK *** In our new phaarmacy shop you'll find ...		Zachariah Baird		06.12.2007 21:34
	*** DRECK *** Good health is never in excess		Zachariah Baird		06.12.2007 21:30
	*** DRECK *** Enormous monster phallus is every wo...		Zachariah Baird		06.12.2007 02:32
	*** DRECK *** 票*多代. 开!		youyuo		05.12.2007 21:14
	*** DRECK *** No Impotence		Your doctor		06.12.2007 01:51
	*** DRECK *** OEM net value here		Yesenia Crandall		06.12.2007 17:56
	*** DRECK *** bulkskip		Xhris Furniss		06.12.2007 04:48
	*** DRECK *** Don't miss it out! Grow a monster in yo...		Xavier V. Bruce		06.12.2007 18:25
	*** DRECK *** Increase your tool for her complete sati...		Xavier O. Bruce		06.12.2007 18:25
	*** DRECK *** Make a new, better life for yourself in ...		Xavier K. Bruce		07.12.2007 18:24
	*** DRECK *** $5,000 to $500,000 or more		Wyatt Hayden		06.12.2007 19:27
	*** DRECK *** hcsratkc		W Tavener		05.12.2007 23:59
	*** DRECK *** Deine TUBE		Woller		07.12.2007 19:56
	*** DRECK *** Werden Sie Mitglied in unserem beson...		Woermann		06.12.2007 22:10

Abbildung 6: Spammail in einem E-Mail Postfach

5.4.4 „Trolling"

Eine manuelle und sehr menschliche Form des virtuellen Vandalismus ist das so genannte „trolling". Ein „Troll", auf deutsch etwa „Störenfried", verfasst in Diskussionsforen absichtlich polemische oder provozierende Beiträge, um möglichst viele Antworten zu erhalten. „Trolling" stellt neben dem automatisierten Vandalismus das größte Problem für Betreiber offener Kommunikationsplattformen dar. Durch massives trollen können sinnvolle Diskussionen unmöglich gemacht werden, da auch hier sinnvolle und kontextbezogene Beiträge in der Flut unnützer Trollbeiträge untergehen können. Besonders nicht-moderierte und sehr beliebte Plattformen haben mit Trollen zu kämpfen.

Dieser typische Troll-Beitrag wurde in einem Kommentarforum des größten deutschen IT-Nachrichtendienstes „heise-online" verfasst. Er bezog sich auf eine Meldung darüber, dass sich die FDP, aufgrund der aktuellen politischen Forderungen nach immer neuen Überwachungsmaßnahmen in Deutschland, um die Grundrechte sorge. Der Troll mit dem vielsagenden Namen „Immortalis Imperator" kommentierte die Meldung folgendermaßen:

„Die FDP hat Recht

Meine Grundrechte, wie z.B auf Leben und körperliche Unversehrtheit,
werden tagtäglich vom internationalen Terrorismus bedroht. Dagegen
muss endlich was unternommen werden. Schäuble hat das bereits zum
Glück schon vor einiger Zeit erkannt und begonnen, die notwendigen
Maßnahmen umzusetzen." [woq 11]

Da das Forum größtenteils von einem sehr liberalen und überwachungsfeindlichen Publikum besucht wird, provozierte dieser Kommentar 10 Antworten und wurde von den Benutzern als Troll-Versuch gewertet. Der Forenbetreiber hat in seinem System für derartige Nachrichten einen eigenen Bereich eingerichtet, die so genannte „Trollwiese". Hierher werden alle

Nachrichten verschoben, die von vielen Benutzern als Trollversuch eingestuft worden sind. [woq 12]

5.4.5 „Defacing"

Schließlich ist auch noch das „Defacing", also das „entfernen oder verändern der Front" von Webseiten ein vandalistischer virtueller Gewaltakt. Diese Mischform virtueller Gewalt enthält auch Teile technischer-virtueller Gewaltausübung, da ein technischer Angriff auf einen Webserver nötig ist, um sie auszuüben. Da ihre Schadenswirkung jedoch ein Akt von Vandalismus ist, soll sie auch in diesem Kapitel zur Sprache kommen. Beim „Defacing" wird die Startseite einer Web-Präsenz durch eine modifizierte Seite des Vandalen ausgetauscht. Dies kann subtil erfolgen, in etwa durch minimale Änderungen im Text der Seite, die humoristischer oder pornografischer Natur sein können. Solche „Defacings" werden häufig erst nach Wochen bemerkt. Allerdings wurden Webseiten auch schon so stark verändert, dass die Ursprungsseite nicht mehr zu erkennen war und einfach nur eine Nachricht des Urhebers des Gewaltaktes eingeblendet wurde.

Der nachfolgende Bildschirmausdruck zeigt die im August 2007 modifizierte Webseite der Vereinten Nationen. Der Vandale hat den roten Kasten im unteren rechten Bereich mit einem eigenen Text versehen:

Abbildung 7: „Defacete" Webseite der Vereinten Nationen

Virtueller Vandalismus zerstört nützliche Informationen oder verursacht unnütze Information in großen Mengen, so dass nützliche Informationen in ihm untergehen und schwerer oder nicht mehr aufzufinden sind. Da viele Formen des virtuellen Vandalismus automatisiert ausgeführt werden, ist es häufig nicht mehr möglich die Schäden mit manueller menschlicher Interaktion zu bewältigen. Deshalb zwingt virtueller Vandalismus dazu technische Gegenmaßnahmen zu entwickeln. Dies resultiert in einer Gewaltspirale, da der technische virtuelle Vandale darauf angewiesen ist noch leistungsfähigere und den automatisierten Gegenmaßnahmen überlegene Angriffsstrategien zu entwickeln.

5.5 Virtuelle Gewaltausübung, die körperlich-physische Schäden verursacht

5.5.1 Überblick

Dies ist ein Randbereich der virtuellen Gewalt, der nicht häufig auszumachen ist aber trotzdem der Vollständigkeit halber erwähnt werden soll. Auf den ersten Blick sind Virtualität und spürbare Körperlichkeit zwei voneinander getrennte Lebensbereiche. Gerade die Losgelöstheit vom eigenen Körper im virtuellen Raum macht diesen für viele Kommunikationsteilnehmer so attraktiv. Natürlich sind die resultierenden Auswirkungen virtueller Gewaltaktionen körperlich-physisch erfahrbar, aber keiner der bisher angesprochenen Formen virtueller Gewalt bewerkstelligte einen unmittelbaren, schmerzhaft oder unangenehm erfahrbaren körperlichen Schaden. Doch tatsächlich kann auf virtuellem Weg direkt und körperlich verletzt werden. Hierzu werden alle Kommunikationskanäle genutzt, die beim Empfänger eines Endgerätes zu körperlichen Reaktionen führen können. Die Gewaltaktion muss unmittelbar und sofort körperlich erfahrbar, an das benutzte Endgerät gebunden und kein Resultat einer anderen Form virtueller Gewalt sein, um als körperlich-physische virtuelle Gewaltaktion gelten zu können.

Da Endgeräte meistens auf audio-visuelle Übertragung von Informationen beschränkt sind, müssen Urheber dieser Gewaltform diese Kanäle nutzen. Dadurch ergibt sich die Möglichkeit virtuell auf die Gehörorgane und Augen des Opfers einzuwirken. Auch unangenehme Körperreaktionen wie das Erschrecken oder ein epileptischer Anfall können auf virtuellem Weg ausgelöst werden. Auch wenn die Großzahl solcher Gewaltaktionen eher als „grober Unfug" zu verstehen ist, kann durch sie gewollter Schaden entstehen.

5.5.2 Auditive virtuell-physische Gewalt

Eine beliebte Möglichkeit auf auditivem Wege Schaden zuzufügen ist das Einspielen von hochfrequenten oder sehr lauten Tönen, die das Opfer in seinem Endgerät empfängt. Dies ist das klassische Prinzip der „Trillerpfeife", mit der man in das Telefon pfeift, um unliebsame Anrufer los zu werden. Diese Praxis lässt sich auf viele virtuelle Räume ausdehnen. Inzwischen kann in vielen virtuellen Räumen Audiomaterial automatisch oder manuell eingespielt werden, so zum Beispiel in den immer beliebter werdenden Voice-Chat Systemen. Durch plötzliches Einspielen unangenehmer Töne wird häufig ein Erschrecken, gelegentlich sogar ein echter körperlicher Schaden, wie zum Beispiel eine dauerhafte Tinituserkrankung ausgelöst. Da viele Benutzer an ihre Endgeräte Kopfhörer anschließen, die nicht innerhalb von kürzester Zeit von den Ohren entfernt werden können, ist dieser Gewaltakt inzwischen sogar bedrohlicher als bei einem herkömmlichen Telefongespräch, bei welchem man den Hörer einfach schnell vom Ohr entfernen konnte. Der Erlebnisbericht einer Telefonistin in einem Call-Center verdeutlicht das Phänomen:

„In der Telefonauskunft, in der ich mal aushalf, ist genau dieser Fall einmal eingetreten, zumindest wurde mir das berichtet. Einer der vielen Scherzanrufer trillerte mit der Trillerpfeife. Die Telefonanlagensoftware (ACD) dort hatte keinen Geräuschbegrenzer, die Kollegin erlitt einen Hörsturz. Der Anruf wurde zurückverfolgt und angeblich wurde der Anrufer wegen Körperverletzung belangt." *[woq 13]*

5.5.3 Virtuell-physisches Erschrecken

Auch durch das Erschrecken von Opfern auf virtuellem Weg kann Gewalt ausgeübt werden. Hiermit ist nicht das langsame Erschrecken einer Person gemeint, auf die psychischer Druck ausgeübt wird, sondern ein realer, körperlich erfahrbarer Schreckmoment. Dieser kann virtuell leicht auf audio-visuellem Weg transportiert werden. Eine beliebte Methode ist es, das Opfer in diesen Schreckmoment über ein kleines Spiel oder einen kleinen Film zu locken. Sehr bekannt sind verschiedenste Variationen eines „Suchspiels". Das Opfer wird auf eine Webseite gelotst, auf der sich ein Bild befindet. Eine Anweisung fordert das Opfer dazu auf, auf dem Bild etwas zu suchen, beispielsweise eine bestimmte Person oder einen Gegenstand. Nach einiger Zeit verschwindet das ursprüngliche Suchbild plötzlich und wird durch ein erschreckendes Bild ersetzt. Dies kann ein Totenschädel oder auch eine Szene aus einem Horrorfilm sein. Häufig wird in dem Moment des Bildwechsels zusätzlich ein lautes Geräusch wie ein Schrei oder eine Sirene eingespielt um das Opfer noch stärker zu erschrecken. Diese Methode kann auf jeder Webseite und in jedem Videoclip angewandt werden. Schreckhafte Personen erfahren durch sie auf virtuellem Weg sehr unangenehme körperliche Auswirkungen. Diese „Spaßprogramme" existieren in vielen verschiedenen Ausprägungen. Exemplarisch wird nachfolgend kurz ein solches Programm vorgestellt werden, das zunächst äußerlich den Anschein erweckt, ein Test für die Rot-Grün-Sehschwäche zu sein *[woq 14]*:

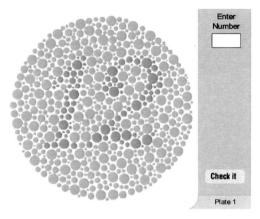

Das Opfer soll im angezeigten Bild eine Zahl identifizieren
und zur Verifizierung eingeben.

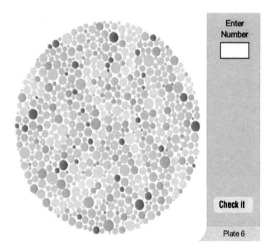

Nach einigen Versuchen erscheint ein Bild, auf dem keine Zahl mehr
ausgemacht werden kann. Das Opfer versucht nun intensiver die Zahl zu
erkennen und konzentriert sich stark auf das angebotene Bild.

Nach einiger Zeit wechselt die Anzeige und ein erschreckendes Bild erscheint, das mit einem lauten Schrei untermalt wird.

Abbildungen 8a, 8b und 8c: Virtuelles Erschrecken

5.5.4 Weitere Formen virtuell-physischer Gewalt

Auch können virtuelle transportierte Medien theoretisch bei dafür anfälligen Personen epileptische Anfälle erzeugen. Das Musikvideo einer US-amerikanischen Sängerin verursachte diese Art einer körperlichen Reaktion vor kurzem bei Fernsehzuschauern. Zwar war das Ergebnis offensichtlich ungewollt und deshalb kein virtueller Gewaltakt, dennoch könnte man ähnliche Ergebnisse auch gewollt über virtuelle Räume erreichen:

92

„Beyonce Knowles neuer Videoclip zu ihrer neuen Single "Check It Out" hat bei einigen Zuschauern im britischen Fernsehen epileptische Anfälle ausgelöst. Als Ursache wurden die vielen blinkenden Bilder im Video identifiziert. Die Single ist ohne Warnmeldung beim Kabelsender Chart Show TV zur Ausstrahlung gekommen. Die britische Medienaufsichtsbehörde Ofcom hat daraufhin sofort reagiert und eine Weiterbildung für die zuständigen Mitarbeiter angekündigt, damit solche Fehler nicht mehr passieren können." [woq 15]

Doch physischer virtueller Schaden kann sogar gewollt sein. Eine neuartige Weste, die für Teilnehmer an virtuellen Spielen entwickelt wurde, versucht den Träger aus dem rein virtuellen Spielerlebnis herauszulösen, indem sie schmerzhafte körperliche Reaktionen erzeugt:

„Eine neuartige Weste mit integrierter Pneumatik soll künftig mehr Realismus in die Videospielewelt bringen, berichtet das Technologiemagazin Technology Review in seiner Online-Ausgabe. Das Produkt des US-Spezialanbieters TN Games hört auf den Namen "3rd Space" und kann beispielsweise die Kräfte nachbilden, die bei gegnerischen Treffern in einem First-Person-Shooter wirken. Ein Kompressor kontrolliert dazu acht integrierte pneumatische Zellen, die "Einschläge" verschiedener Stärke an verschiedenen Stellen des Rumpfes des Spielers produzieren können – vorne wie hinten. [..] Die "3rd Space"-Weste wird noch im November für 189 Dollar in den USA auf den Markt gelangen [toq 30]"

Dieser Randbereich virtueller Gewalt ist sicherlich nur in eine Nische der virtuellen Gewalt einzuordnen. Andere Formen der virtuellen Gewaltausübung verursachen viel größere Schäden und sind häufiger zu beobachten. Dennoch ist diese Form der virtuellen Gewalt die einzige, die tatsächlich die Intention zu körperlicher Gewalt auf virtuellem Weg direkt zu transportieren und umzusetzen vermag.

6. Schluss

Ob reine virtuelle Gewalt existieren kann oder nicht ist eine philosophische Fragestellung. Würde man ein Opfer virtueller Gewalt als eine von der realen Welt komplett losgelöste Einheit sehen, wäre reine virtuelle Gewalt, die virtuell initiiert wird und nur virtuell wirkt, denkbar. Jedoch wirkt virtuelle Gewalt wenigstens physisch im Gehirn der Opfer. Auch virtuelle Gewaltakte gegen das System selbst haben Auswirkungen auf die reale Welt. Da das System selbst keine Gewalt ausüben kann, ist immer menschliche Interaktion notwendig um virtuelle Gewalt auszuüben. Also entspringt virtuelle Gewalt immer auch aus einer physischen, realen, nicht-virtuellen Person. Definiert man den Urheber virtueller Gewalt als ein Alter-Ego der real existierenden Person, als ausschließlich virtuelle, vom Körper losgelöste Persönlichkeit , ist reine virtuelle Gewalt denkbar, ansonsten nicht.

Aus dieser Realitätsgebundenheit heraus wird deutlich, dass das Problem virtueller Gewaltausübung nicht nur theoretisch existent ist. Es wird tatsächlich bereits auf manigfaltige Art und Weise bekämpft. Da die Nutzung virtueller Räume nach wie vor ansteigt, steigt die Anzahl möglicher Urheber und Opfer virtueller Gewaltakte. Dabei ist jedes Individuum ein potentieller Urheber von Gewalt:

„Die völlig irrige, aber nach wie vor weit verbreitete Annahme, Gewalt gehe nur „pathologische Individuen" oder Angehörige bestimmter „Randgruppen" an, stellt eine Abwehr der uns – mit Recht – erschreckenden Einsicht dar, dass jede und jeder von uns ein Gewaltpotential in sich trägt, das unter bestimmten inneren und äußeren Bedingungen aktiviert werden kann und sich dann in destruktivster Weise entlädt." (Rauchfleisch in Hilpert, S. 108)

Nach einer Studie des statistischen Bundesamtes sind inzwischen mehr als zwei Drittel der Deutschen online. [toq 43] Nimmt man die Nutzung anderer virtueller Räume hinzu, so werden die Lebensbereiche von fast allen Bürgern in der Bundesrepublik in irgend einer Weise von virtuellen Räumen berührt oder überschneiden sich mit diesen.

Gegenmaßnahmen finden auf allen Ebenen des virtuellen Raumes statt. Sie können die technischen Rahmenbedingungen aber auch das soziale Miteinander in diesen betreffen.

Gewaltaktionen, denen nur noch auf technischem Wege begegnet werden kann, da sie durch ihre Multiplizierbarkeit nicht mehr mit manueller menschlicher Arbeit bekämpft werden können, generieren eine Spirale aus technischer Gewalt und Gegengewalt, die durchbrochen werden muss. Einzelne spärliche Erfolge sind hier zu verzeichnen, so verlautbarte der Online-Dienst Google, der auch ein eigenes E-Mail-System betreut einen Rückgang der erhaltenen Spam-Nachrichten seiner Benutzer:

„Nach Auffassung von Brad Taylor, Software-Ingenieur bei Google, ist unter Umständen sogar erstmals ein Rückgang der Spam-Massen zu erwarten. [..] Seiner Meinung nach könnte dies bedeuten, dass die Spam-Versender es mittlerweile teilweise aufgegeben haben, zu versuchen, Googles Filtersysteme zu umgehen." [toq 42]

Ob dies lediglich medial geschickt platzierte Werbung ist, oder tatsächlich ein Rückgang stattfindet ist für einen Außenstehenden nicht feststellbar. Sicher ist jedoch, dass bessere technische Schutzsysteme, bessere technische Angriffsstrategien heraufbeschwören. Auch ob die Wurzel des Problems lediglich durch ein technisches „Wettrüsten" angegangen werden kann ist fragwürdig.

Neben den technisch basierten Strategien existieren durch die zahlreichen professionellen und ehrenamtlichen Moderatoren virtueller Subsysteme funktionierende Regulierungs- und Gewaltbegrenzungsmethoden. Diese dem Subsystem gegenüber privilegierten Individuen und Gruppen schränken virtuelle Gewalt durch Gegengewalt ein. Da hier in der Regel kleinere und geschlossene Räume administriert werden, greifen diese Maßnahmen häufig gut.

Die wohl größte Bedrohung für einen virtuellen Frieden stellen die Vorbereitungen für das Führen virtueller Kriege dar. Gegen- aber auch Angriffsstrategien für diese Form virtueller Gewalt, deren Resultate enorme Schadenswirkungen in der realen Welt hervorrufen können, werden von nationalstaatlichen Institutionen weltweit entwickelt. In der Bundesrepublik fällt hier dem Bundesamt für Sicherheit in der Informationstechnik [woq 16] eine entscheidende Rolle zu. Es fungiert als Analyse- und Informationsgeber für neu entdeckte und drohende Gefahren aus virtuellen Räume für die anderen Institutionen des Landes aber auch für die Bürger. Das „Homeland Security Subcommittee on Emerging Threats, Cyber Security and Science and Technology" *[woq 17]* ist das US-amerikanische Pendant. Aufgrund der hohen Bedrohungslage ist es keinem Staat und keiner größeren Institution mehr möglich *ohne* Experten für die virtuelle Sicherheit ihrer Infrastrukturen auszukommen.

Die Abwehr virtueller Gewaltakte ist notwendig, das Ausführen virtueller Gewaltakte wird hingegen immer attraktiver, da mit wenigen Ressourcen große Schäden verursacht werden können. Der technische Fortschritt erhöht dieses Schadenspotential immer weiter. Privilegien gegenüber dem technischen Unterbau virtueller Räume, seien sie durch Gesetze oder durch mediale

Kompetenz begründet, erhöhen die Verletzungsmächtigkeit Einzelner in einer überproportionalen Art und Weise. Auch in virtuellen Räumen findet durch die Weiterentwicklung ihres Unterbaus die von Popitz beschriebene „Potentierung des Machtpotentials" statt:

„Wenn technisches Handeln potentiell offen ist, dann ist auch die potentielle Gefährlichkeit des Menschen für den Menschen potentiell offen." (Popitz, S. 181)

Ein bindendes internationales Regelwerk, wie in etwa die Genfer Konvention für konventionelle Kriege, existiert nicht für den virtuellen Raum. Dies macht diese junge und ohnehin schon heute schwer kontrollierbare neue Form des Krieges noch unberechenbarer.

Da Stabilität und Sicherheit moderner Gesellschaften in immer größerem Maße auf der Stabilität ihres technischen Unterbaus basieren und da immer größere Teile des privaten und beruflichen Lebens in virtuellen Räumen stattfinden, wird das Phänomen virtueller Gewaltausübung und ihrer Bekämpfung in den kommenden Jahren weiterhin an Bedeutung gewinnen.

Virtueller und realer Raum existieren nicht unabhängig voneinander, sondern sind eng miteinander verzahnt. Virtuelle Gewaltakte werden immer in der realen Welt initiiert, benutzen den virtuellen Raum als Vehikel und enden wieder im realen Raum. Somit ist virtuelle Gewaltausübung im Endeffekt auch immer reale Gewaltausübung und dadurch zumindest fragwürdig.

Durch die Besonderheiten des virtuellen Raumes lassen sich Schadenswirkungen vervielfachen, so dass neben dem großen

Chancenpotential auch ein enormes Schadenspotential von ihm ausgeht, das durch die technische Weiterentwicklung der Leistungsfähigkeit der unterliegenden technischen Systeme, die steigende Anzahl ihrer Benutzer und die fortschreitende Vernetzung ständig wächst. Gegenmaßnahmen begünstigen ein virtuelles „Wettrüsten", das eine virtuelle Gewaltspirale provoziert.

Geeignete regulierende Gegenstrategien müssen einerseits das virtuelle Gewaltpotential einschränken, ohne andererseits die große Offenheit virtueller Räume zu zerstören.

Gelänge dieser Balanceakt zwischen Sicherheit und Freiheit, könnte ein chancenreicher virtueller Frieden gesichert werden.

7. Anhang

7.1 Begriffsverzeichnis

Account

Ein Zugangskonto zu einem Subsystem virtueller Räume. Solch ein Zugangskonto ermöglicht die Nutzung von nicht-öffentlichen Diensten, wie zum Beispiel geschlossenen Diskussionsforen oder privaten E-Mail-Postfächern.

Allnet

Das „Allnet" ist ein Ausdruck für das Zusammenwachsen aller virtuellen Räume und Subräume zu einem einzigen großen allumfassenden virtuellen Raum. Das Allnet existiert nicht, dennoch ist ein Trend des Zusammenwachsens von verschiedenen technischen Infratstrukturen zu beobachten, der schließlich in einem allumfassenden Netz, dem „Allnet" enden könnte.

Buchgeld

Buchgeld ist die Anrechtsoption auf Bargeld in Form von Datensätzen in Buchgeldkonten oder anderen Datenspeichern. Buchgeld kann in virtuellen Räumen bewegt werden.

Botnet oder Botnetz

Ein Netzwerk aus beliebig vielen Endgeräten, über das ein Individuum oder eine Gruppe mit Hilfe von technischer Manipulation die Kontrolle übernommen hat. Es kann genutzt werden um virtuelle Gewaltakte auszuüben.

Bullying

Jemanden tyrannisieren, oder bedrängen. Dieser englische Ausdruck bezeichnet in seiner klassischen Bedeutung den Schläger oder Grobian, der im schulischen oder privaten Umfeld Personen bedroht, drangsaliert oder körperlich angeht. Im englischen Sprachgebrauch hat sich der Begriff „Cyber-Bullying" für vergleichbare Gewaltakte in virtuellen Räumen etabliert.

Cyberkrieg oder Cyberterrorismus

Der Angriff auf nationalstaatliche Infrastrukturen auf virtuellem Weg. Cyberterrorismus kann sich zum Beispiel gegen Telekommunikationsnetzwerke, Versorgungseinrichtungen und Verwaltungen richten. Der Begriff deckt auch virtuelle Spionage, also das Beschaffen von nicht-öffentlichen Informationen auf virtuellem Weg ab.

Cyberspace

Ein von William Gibson in seinem Roman „Neuromancer" geprägter Begriff für einen virtuellen Raum.

Defacing

Das (unrechtmäßige) Verändern oder Entfernen einer Startseite eines Webservers im Rahmen von virtuellem Vandalismus.

DDoS – Distributed Denial of Service

„Verteilte Unterbindung von Dienstbereitschaft" Bei einem DDoS-Angriff auf ein technisches System, wird dieses von sehr vielen anderen Systemen gleichzeitig mit Daten überschwemmt, um die Vielzahl der Anfragen nicht mehr beantworten zu können und somit seinen Dienst einstellen zu müssen. Die Angriffe werden also *verteilt* und gebündelt, von *vielen* Quellen, auf ein Ziel gerichtet.

Endgerät (des virtuellen Raumes)

Mit einem Endgerät des virtuellen Raumes kann ein Individuum an virtuellen Räumen teilnehmen. Es stellt den Zugang zu einem virtuellen Raum dar. Endgeräte für virtuelle Räume können Computer, Telefone, Mobiltelefone, Telefonzellen, Spielkonsolen, Funkgeräte und alle anderen Geräte sein, die den Zugang zu einem oder mehreren virtuellen Räumen herstellen können.

ENISA - European Network Information and Security Agency

Die Europäische Agentur für Netz- und Informationssicherheit, ist eine im Jahr 2004 von der Europäischen Union gegründete Institution, die versucht normierte IT-Sicherheitsstandards zu schaffen und die Mitgliedsländer der Union in IT-Sicherheitsfragen berät und aufklärt.

First-Person-Shooter

Ein Computerspiel, in dem der Spieler die virtuelle Spielwelt aus der Egoperspektive sieht, sich frei in dieser bewegen kann und mit Waffen auf seine Gegner schießt.

Forensystem (in einem virtuellen Raum)

Ein Forensystem bietet Teilnehmern die Möglichkeit Diskussionen zu starten, in etwa eine Frage zu einem Thema zu stellen oder zu einem aktuellen Ereignis einen Kommentar zu verfassen. Andere Benutzer können daraufhin Antworten zu dieser Anfangsnachricht erstellen, so dass eine Diskussion entstehen kann. Foren existieren im Internet, zum Beispiel in Form des ältesten Forensystems „Usenet", aber auch als Untersystem in vielen weiteren Internetdiensten. Foren können auch in anderen virtuellen Räumen als dem Internet existieren, in etwa in Telefonkonferenzsystemen, in denen die die Nachrichten nicht als Text sondern als Sprachnachricht abgelegt werden.

Hacking

Das unrechtmäßige Eindringen in Endgeräte des virtuellen Raumes. Nachdem ein Endgerät „gehacked" wurde, kann der Hacker das Endgerät für seine Zwecke nutzen, als wäre er der Besitzer.

Happy Slapping

In etwa „fröhliches Schlagen". Beim Happy Slapping werden unbeteiligte spontan körperlich angegangen, in etwa durch einen Schlag auf den Kopf oder durch ein Schubsen auf den Boden. Die Aktion wird dabei mit einer tragbaren Videokamera, zum Beispiel in einem Mobiltelefon, gefilmt und danach verbreitet und veröffentlicht.

ICANN - Internet Corporation For Asigned Names and Numbers

Eine nicht profitorientierte Organisation, die im Internet die Vergabe von neuen Top-Level-Domains, zum Beispiel „.tv", regelt und die Zuweisung von IP-Zahlenadressen auf Domainnamen organisiert. (Wie zum Beispiel *134.99.128.40* auf *uni-duesseldorf.de*). Sie betreut einen entscheidenden Teil des technischen Unterbaus des Internets.

IP+ Dienst der Swisscom

Anbieter von Internetzugängen für Großkunden durch die schweizer Telekommunikationsgesellschaft Swisscom.

Kommunikationskanal (eines virtuellen Raumes)

Ein Kommunikationskanal transportiert entweder menschlich verständliche Daten, wie Text, Sprache, Bilder und Videos oder technische Steuerbefehle in codierter Form, um Subsysteme des virtuellen Raumes zu kontrollieren und zu verändern. Virtuelle Gewaltausübung nutzt Kommunikationskanäle als Vehikel um Gewaltakte virtuell zu transportieren.

Messengerprogramme

Messengerprogramme ermöglichen es Daten und Text direkt von einem Endgerät zu einem anderen zu senden. Sie zeigen den Onlinestatus eines entfernten Benutzers an und teilen auf diese Weise mit, dass dieser verfügbar ist und die Nachricht oder die Daten in Echtzeit erhalten kann.

RSA-4096

Starker Verschlüsselungsalgorithmus, der jede Art von Daten so chiffriert, dass sie ohne den entsprechenden Schlüssel nicht mehr nutzbar sind.

Social Networking Dienste

Ein Social Networking Dienst führt seine Benutzer nach verschiedenen Kriterien zusammen, so können zum Beispiel gemeinsame Interessen, aber auch Verwandschaftsverhältnisse oder räumliche Nähe virtuell abgebildet werden. Solch ein Dienst ermöglicht es Kontakte zu anderen Benutzern des Dienstes herzustellen und zu pflegen.

Spam

Erhaltene, ungewollte Daten. Meistens wird dieser Begriff für unerwünschte E-Mails genutzt, die Werbenachrichten oder Schadprogramme enthalten. Jedoch können auch andere Formen von virtuellem Vandalismus als Spam angesehen werden, wie zum Beispiel das Fluten von Diskussionsforen mit Werbung.

Subsystem (eines virtuellen Raumes)

Ein Subsystem eines virtuellen Raumes, ist ein Dienst, der neben weiteren Diensten in demselben virtuellen Raum angeboten wird. So wäre ein Forensystem im Internet ein Subsystem des virtuellen Raumes „Internet", eine Sprachmailbox mit Anrufbeantworterfunktion ein Subsystem des virtuellen Raumes „Mobilfunknetz". Individuen oder Gruppen können gegenüber Subsystemen privilegiert sein, obwohl sie gegenüber dem übergeordneten virtuellen Raum keine besonderen Rechte inne haben.

Telefonkonferenz

In einer Telefonkonferenz werden mehrere Teilnehmer zusammengeschaltet, so dass sie gleichzeitig miteinander sprechen können. Jeder Teilnehmer hört alle anderen sprechen. Telefonkonferenzen können organisiert angeboten werden, in etwa für Geschäftsbesprechungen, es existieren allerdings auch anonyme Systeme im klassischen Telefonnetz oder im Internet, in denen man anonym mit fremden Personen kommunizieren kann.

Top Level Domain (TLD)

Oberste Adressebene von Domainnamen im Internet. Die TLD ist immer der letzte Teil eines Domainnamens.
So zum Beispiel: www.google.com -> TLD: .com
www.google.de -> TLD: .de

Trojaner oder Trojanisches Pferd

Als Trojaner wird ein Softwareprogramm bezeichnet, das unter Ausnutzung einer Sicherheitslücke eines Endgerätes unbemerkt in dieses eingespielt wird um von außen die Kontrolle über dieses Endgerät übernehmen zu können.

Trolling

Das Provozieren von Antworten in einem Forensystem durch polemische oder falsche Aussagen. Eine Person die „Trolling" betreibt wird „Troll" genannt. Trolle stellen für offene Diskussionsplattformen ein Problem dar, da sie die Gesamtqualität der geführten Diskussionen mit wenig Aufwand verringern können.

Vulnerability oder Sicherheitslücke

Eine Sicherheitslücke in einem Endgerät oder einem Softwareprogramm ist ein nicht beabsichtigter Fehler, der es einem externen Angreifer erlaubt ein System von außen zu verändern, obwohl diese Funktionalität nicht beabsichtigt war. Eine Sicherheitslücke kann zum Beispiel das Einspielen eines Trojanerprogramms oder das Stehlen von Daten ermöglichen.

7.2 Literatur

Adams, J. Mack / Haden, Douglas H. (1976):

Social Effects of Computer Use and Misuse, John Wiley & Sons New York

Arendt, Hannah (1970):

Macht und Gewalt, Piper, 16. Auflage 2005

Bierhoff, Hans Werner / Wagner, Ulrich (Hrsg.) (1998)

Aggression und Gewalt, Kohlhammer Stuttgart

    darin: Bornewasser, Manfred

    Soziale Konstruktion von Gewalt und Aggression (S. 48 - 62)

Dabag, Mihran / Kapust, Antje / Waldenfels, Bernhardt (Hrsg.) (2000)

Gewalt: Strukturen – Formen – Repräsentationen, Fink München

    darin: Waldenfels, Bernhardt

    Aporien der Gewalt (S. 9 - 24)

Donnelly, Denis P. (1985):

The Computer Culture, Fairleigh Dickinson University Press

    darin: Westin, Alan F.

    Privacy, Technology and Regulation (S. 136 - 148)

Foucault, Michel (1987):

Jenseits von Strukturalismus und Hermenutik, Athenäum

Hilpert, Konrad (Hrsg.) (1996)

Die ganz alltägliche Gewalt, Leske und Budrich, Oppladen

> darin: Rauchfleisch, Udo
>
> **Fehlender Sinn, fehlende Beziehungen: Ursachen der neuen Gewalt**
>
> (S.107 - 116)

Hugger, Paul / Stadler, Ulrich (1995)

Gewalt – Kulturelle Formen in Geschichte und Gegenwart, Unionsverlag Zürich

Ittel, Angela / Salisch von, Maria (Hrsg.) (2005):

Lügen, Lästern, Leiden lassen, Kohlhammer

> darin: Hayer, Tobias / Scheithauer, Herbert / Petermann, Franz
>
> **Bullying: Schüler als Täter – Lehrer als Opfer?!** (S. 234 - 262)

> darin: de Castro, bram Orobio
>
> **Emotionen bei der Verarbeitung sozialer Informationen von hochaggresiven**
>
> **Jugendlichen** (S.33 - 42)

Komarek, Kurt / Magerl, Gottfried (Hrsg.) (1998):

Virtualität und Realität. Bild und Wirklichkeit

in den Naturwissenschaften, bohlau Wien

> darin: Tjoa, A Min
>
> Virtuelle Welten (S. 179-206)

Krol, Martin / Luks, Timo / Matzky-Eilers, Michael (Hrsg.) (2005):

Macht – Herrschaft – Gewalt , LIT Münster

    darin: Kreissl, Reinhardt

    Die Fake–Guerilla im Cybermarxismus (S.35 - 66)

Küchenhof, Joachim / Hügli, Anton / Mäder, Ueli (Hrsg.) (2005):

Gewalt – Ursachen, Formen, Prävention, Psychosozial-Verlag

Nolden, Andreas (1999):

Handeln in Virtualität und Realität, VDI Verlag

Piazolo, Michael (Hrsg.) (2006)

Macht und Mächte in einer multipolaren Welt, Verlag für Sozialwissenschaften
Wiesbaden

    darin: Hieber, Saskia

    China – regionale Großmacht oder Supermacht (S. 107 - 139)

Popitz, Heinrich (1986):

Phänomene der Macht, Mohr Siebeck Tübingen, 2. Auflage 1992

Rammert, Werner (1993):

Technik aus soziologischer Perspektive, Westdeutscher Verlag

Rammert, Werner (1998):

Technik und Sozialtheorie, Campus Verlag Frankfurt

Rapp-Paglicci, Lisa A. / Roberts, Albert R. / Wodarski, John S. (2002)
Handbook Of Violence, John Wiley & Sons New York

Roßnagel, Alexander / Wedde, Peter / Hammer, Volker (1989):
Die Verletzlichkeit der Informationsgesellschaft, Westdeutscher Verlag

Röttgers, Kurt / Saner, Hans (Hrsg.) (1978):
Gewalt, Schwabe und Co. Basel
    darin: Galtung, Johan
    Der besondere Beitrag zur Friendsforschung
    zum Studium der Gewalt: Typologien (S.9 -32)

Schwind, Hans-Dieter / Baumann, Jürgen (Hrsg.) (1990)
Ursachen, Prävention und Kontrolle von Gewalt Bd.1, Duncker & Humblot Berlin

Steinmüller, Karlheinz (2006):
Die Zukunft der Technologien, Murmann Hamburg

Wieviorka, Michel (2006)
Die Gewalt, Hamburger Edition

7.3 Tagesaktuelle Onlinequellen [toq]

Chronologisch, nach Datum der Veröffentlichung

[toq 1]

Eberspächer, Mathias, 12.06.2007

Pornomontagen und Hinrichtungsvideos

SPIEGEL ONLINE

http://www.spiegel.de/schulspiegel/leben/0,1518,488062,00.html

[toq 2]

28.06.2007

Mädchen werden häufiger Opfer von Online-Mobbing als Jungen

heise online

http://www.heise.de/newsticker/meldung/91914

[toq 3]

Ermert, Monika, 28.06.2007

Kritiker befürchten Zensur schon im Kern des Internets

heise online

http://www.heise.de/newsticker/meldung/91919

[toq 4]

02.07.2007

Hacking-Attacke gegen Kreml-Kritiker

SPIEGEL ONLINE

http://www.spiegel.de/netzwelt/web/0,1518,491801,00.html

[toq 5]

18.07.2007

Philologenverband für schärfere Maßnahmen gegen Internet-Mobbing

heise online

http://www.heise.de/newsticker/meldung/92920

[toq 6]

19.07.2007

Trojaner verschlüsselt Daten mit RSA-4096 - oder doch nicht?

heise online

http://www.heise.de/newsticker/meldung/92956

[toq 7]

Hans, Barbara, 24.07.2007

Hassobjekt Mitschüler

SPIEGEL ONLINE

http://www.spiegel.de/schulspiegel/leben/0,1518,490143,00.html

[toq 8]

Rötzer, Florian, 24.07.2007

US-Rechnungshof warnt vor Cybercrime-Folgen für die nationale Sicherheit

heise online

http://www.heise.de/newsticker/meldung/93210

[toq 9]

Mühlbauer, Peter, 27.06.2007

Virtuelle und reelle Taten

Telepolis

http://www.heise.de/tp/r4/artikel/25/25815/1.html

[toq 11]

25.08.2007

Hacker-Angriffe auf Ministeriumsrechner

Tagesschau.de

http://www.tagesschau.de/inland/meldung488024.html

[toq 12]

26.08.2007

Deutsche Politiker empört über chinesische Hacker-Attacken

SPIEGEL ONLINE

http://www.spiegel.de/politik/deutschland/0,1518,502076,00.html

[toq 13]

Hartmann, Thomas, 25.08.2007

Gewalt muss sein

Telepolis

http://www.heise.de/tp/r4/artikel/25/25606/1.html

[toq 14]

27.08.2007

Online-Spionage "alltäglicher Wahnsinn des Internet"

heise online

http://www.heise.de/newsticker/meldung/94980

[toq 15]

Stöcker, Christian, 31.08.2007

Echte Dollars für virtuelle Kopfschüsse

SPIEGEL ONLINE

http://www.spiegel.de/netzwelt/spielzeug/0,1518,503166,00.html

[toq 16]

Kurai, Jürgen, 31.08.2007

Experten zweifeln an Verfassungskonformität des „Bundestrojaners"

heise online

http://www.heise.de/newsticker/meldung/95247

[toq 17]

04.09.2007

Chinesische Hacker legen Pentagon-Computer lahm

SPIEGEL ONLINE

http://www.spiegel.de/netzwelt/web/0,1518,503678,00.html

[toq 18]

Briegleb, Volker, 05.09.2007

"Cyber-Krieg" in vollem Gange

heise online

http://www.heise.de/newsticker/meldung/95552

[toq 19]

Wilkens, Andreas, 10.09.2007

Bericht: China hegt Pläne zur Erlangung der "elektronischen Dominanz"

heise online

http://www.heise.de/newsticker/meldung/95730

[toq 19a]

Wilkens, Andreas, 11.10.2007

Reporter ohne Grenzen legen Bericht über Internetzensur in China vor

heise online

http://www.heise.de/newsticker/meldung/97256/

[toq 20]

Stöcker, Christian, 29.10.2007

Das Internet ist an allem schuld

SPIEGEL ONLINE

http://www.spiegel.de/netzwelt/web/0,1518,514107,00.html

[toq 21]

Rötzer, Florian, 2.11.2007

Bericht: Internet in Burma erneut abgedreht

heise online

http://www.heise.de/newsticker/meldung/98395

[toq 22]

Lemos, Robert, 2.11.2007

Electronic Jihad rears its head, again

Securityfocus

http://www.securityfocus.com/brief/619

[toq 23]

Lemos, Robert, 1.11.2007

Task force aims to improve U.S. cybersecurity

Securityfocus

http://www.securityfocus.com/news/1149

[toq 24]

Wilkens, Andreas, 6.11.2007

Bundesverwaltung sieht sich massiven Angriffen auf Websites ausgesetzt

heise online

http://www.heise.de/newsticker/meldung/98512

[toq 25]

Wilkens, Andreas, 6.11.2007

BKA-Chef setzt auf Online-Durchsuchung

heise online

http://www.heise.de/newsticker/meldung/98507

[toq 26]

Kuri, Jürgen, 8.11.2007

Studie: Junge Deutsche verbringen mehr Zeit im Netz als vor dem TV

heise online

http://www.heise.de/newsticker/meldung/98662

[toq 26a]

Kuri, Jürgen, 8.11.2007

Tatort Internet: Unbescholtene Bürger haben nichts zu befürchten

heise online

http://www.heise.de/newsticker/meldung/98645

[toq 27]

Müller, Sonja, 11.11.2007

Spielleiter in Onlinegames – Von Beruf Halbgott

SPIEGEL ONLINE

http://www.spiegel.de/netzwelt/spielzeug/0,1518,516426,00.html

[toq 28]

11.11.2007

Hacker manipulieren MySpace-Profile von Musikern

Winfuture.de

http://www.winfuture.de/news,35679.html

[toq 29]

Kuri, Jürgen, 12.11.2007

Wikipedia: Misstrauen gegen anonyme Autoren

heise online

http://www.heise.de/newsticker/meldung/98817

[toq 30]

Schwan, Ben, 13.11.2007

Pneumatische Weste für Actiongamer

heise online

http://www.heise.de/newsticker/meldung/98880

[toq 31]

Kuri, Jürgen, 15.11.2007

Streit um Regulierungsmacht bei der Telekommunikation voll entbrannt

heise online

http://www.heise.de/newsticker/meldung/99045

[toq 32]

15.11.2007

World of Warcraft: Vivendi meldet 9,3 Mio. Spieler

Winfuture

http://www.winfuture.de/news,35788.html

[toq 33]

Patalong, Frank, 18.11.2007

Cyber-Mobbing: Tod eines Teenagers

SPIEGEL ONLINE

http://www.spiegel.de/netzwelt/web/0,1518,518042,00.html

116

[toq 34]

Briegleb, Volker, 19.11.2007

Teenager nach virtuellem Diebstahl verhaftet

heise online

http://www.heise.de/newsticker/meldung/99210

[toq 35]

Symantec & McAfee: Vista wird 2008 zum Angriffsziel

Winfuture

http://www.winfuture.de/news,35859.html

[toq 36]

Goodin, Dan, 11.11.2007

Bot master owns up to 250.000 zombie PCs

Security Focus

http://www.securityfocus.com/news/11495

[toq 37]

Bachfeld, Daniel, 22.11.2007

DDoS-Attacke legte Netz von Swisscom lahm

heise online

http://www.heise.de/newsticker/meldung/99399

[toq 38]

Kuri, Jürgen, 22.11.2007

Das BKA berichtet aus der unsicheren digitalen Welt

heise online

http://www.heise.de/newsticker/meldung/99392

[toq 39]

Mühlbauer, Peter, 22.11.2007

Die Virtuellen hängt man, die Realen lässt man laufen

Telepolis

http://www.heise.de/tp/r4/artikel/26/26667/1.html

[toq 40]

26.11.2007

5 Jahre alte Sicherheitslücke bedroht Windows-PCs

Winfuture

http://www.heise.de/tp/r4/artikel/26/26667/1.html

[toq 41]

Briegleb, Volker, 27.11.2007

ENISA warnt vor der Wachstumsbranche Botnetze

heise online

http://www.heise.de/newsticker/meldung/99640

[toq 42]

29.11.2007

Google: Spamversender geben immer häufiger auf

Winfuture

http://www.heise.de/newsticker/meldung/99640

[toq 43]

30.11.2007

Mehr als zwei Drittel der Deutschen surft im Internet

Golem

http://golem.de/0711/56313.html

[toq 11]

03.12.2007

18-Jähriger steuerte riesiges Botnet aus Neuseeland

Winfuture

http://www.winfuture.de/news,36174.html

[toq 45]

03.12.2007

Studie: Handy als Grund für Gewalt bei Jugendlichen

Winfuture

http://www.winfuture.de/news,36162.html

[toq 46]

Bachfeld, Daniel 05.12.2007

Botnetz-Studie: Bots verbreiten sich über uralte Lücken

heise online

http://www.heise.de/newsticker/meldung/100048

[toq 47]

05.12.2007

Regierung: Nur versandte Dateien geniessen Grundgesetzschutz

Golem

http://golem.de/0712/56389.html

[toq 48]

Kurai, Jürgen, 05.12.2007

Innenminister streiten über heimliche Online-Durchsuchungen

heise online

http://www.heise.de/newsticker/meldung/100070

7.4 Weitere Onlinequellen [woq]

Die Zahl in (Klammern) gibt das Datum der Recherche der jeweilgen Information an.

[woq 2]

Internet Rivalling TV In Media Consumtion Stakes

EIAA

http://www.eiaa.net/news/eiaa-articles-details.asp?lang=1&id=154 (14.11.2007)

[woq 3]

PEW Internet & American Life Project

Cyberbullying and Online Teens

http://www.pewinternet.org/pdfs/PIP%20Cyberbullying%20Memo.pdf (3.12.2007)

[woq 4]

Rotten Neighbor – Nachbarschaftsbewertungen

http://www.rottenneighbor.com/ (09.09.2007)

[woq 5]

Internet: Mobbing gegen Lehrkräfte zunehmend ein Problem

GEW Gewerkschaft Erziehung und Wissenschaft

http://bildungsklick.de/pm/54447/internet-mobbing-gegen-lehrkraefte-zunehmend-ein-problem/ (03.12.2007)

[woq 6]

Report: U.S. cyber-defense on track

Securityfocus

http://www.securityfocus.com/news/164 (12.10.2007)

[woq7]

Securityfocus – List Of Vulnerabilities

Securityfocus

http://www.securityfocus.com/vulnerabilities (21.11.2007)

[woq8]

Symantec Pressemitteilungen – Umsatz 2006

Symantec

http://www.symantec.com/de/de/about/news/release/article.jsp?prid=20060510_01 (08.09.2007)

[woq 9]

Wikipedia: Vandalismus in Wikipedia

Wikipedia

http://de.wikipedia.org/wiki/Wikipedia:Vandalismus (12.09.2007)

[woq 10]

Wikipedia: E-Mail Spam

Wikipedia

http://en.wikipedia.org/wiki/E-mail_spam (12.09.2007)

[woq 11]

Heise: Diskussionsbeitrag eines Foren"trolls"

heise online

http://www.heise.de/newsticker/foren/go.shtml?read=1&msg_id=14020039&forum_id=128446 (08.12.2007)

[woq 12]

Heise Troll Wiese

http://www.heise.de/extras/foren/go.shtml?list=1&forum_id=44488 (08.12.2007)

[woq 13]

Telefon, Trillerpfeife und Körperverletzung

Wer Weiss Was?

http://www.wer-weiss-was.de/theme64/article3576522.html (29.11.2007)

[woq 14]

Vision Sabotage – Rot-Grün Sehschwäche

http://fun.drno.de/flash/vision_sabotage.swf (15.09.2007)

[woq 15]

Beyonce Knowles: Neues Video verursacht epileptische Anfälle

shortnews

http://www.shortnews.de/start.cfm?id=631673 (23.11.2007)

[woq 16]

Bundesamt für Sicherheit in der Informationstechnik

http://www.bsi.de (16.09.2007)

[woq 17]

Department of Homeland Security - Subcommittee on Emerging Threats, Cybersecurity, and Science and Technology

http://homeland.house.gov/about/subcommittees.asp?subcommittee=12 (24.11.2007)

[woq 18]

Paypal

Online zahlen – einfach und sicher

http://www.paypal.de (19.09.2007)

7.5 Bildnachweise

Abbildung 1: **Schema virtueller Gewaltausübung**
Autor

Abbildung 2: **Schema eines Botnetzes**
Autor

Abbildung 3: **Zusammenbruch der Swisscom-Verbindung von der Schweiz in die Bundesrepublik**
http://www.heise.de/bilder/99399/0/1 (23.11.2007)

Abbildung 4: **"Vandal Fighter" Bildschirmausdruck**
http://en.wikipedia.org/wiki/Image:Vandal_Fighter_-_Live_RC.png (04.12.2007)

Abbildung 5: **Bildschirmausdruck: Von Vandalismus betroffenes Forensystem**
http://www.clan-er.de/phpbb/viewforum.php?f=6 (12.10.2007)

Abbildung 6: **Spammail in einem E-Mail Postfach**
Bildschirmfoto, selbstständig angefertigt

Abbildung 7: **„Defacete" Webseite der Vereinten Nationen**
http://hackademix.net/wp-content/uploads/2007/08/un-ss1.jpg (28.11.2007)

Abbildungen 8a, 8b und 8c: **Bildschirmausdruck: Virtuelles Erschrecken**
http://fun.drno.de/flash/vision_sabotage.swf (15.09.2007)

Für meine drei Eltern.

Eva, Ina und Jürgen

Daniel Ritter M.A. wurde 1975 in Recklinghausen geboren.

Er studierte Soziologie und Informationswissenschaft an der Heinrich-Heine Universität Düsseldorf. Außerdem schloss er eine Ausbildung als staatlich geprüfter Informatiker ab.

Er lebt und arbeitet als freier IT- und Sicherheits-Berater, Programmierer, Journalist und Autor in Düsseldorf.

Daniel Ritter blogt auf seiner Website http://www.daniel-ritter.de/blog

Sie können Daniel Ritter unter der E-Mail Adresse ritter@perfectpixel.de kontaktieren.